드림

중3, 고1을 위한

확 바뀐

학종

학생부종합전형

중3, 고1을 위한

확 바뀐

학종
학생부종합전형

초판 1쇄 발행 2020년 2월 19일
초판 4쇄 발행 2021년 12월 8일

지은이 장정현

발행인 장상진
발행처 (주)경향비피
등록번호 제2012-000228호
등록일자 2012년 7월 2일

주소 서울시 영등포구 양평동 2가 37-1번지 동아프라임밸리 507-508호
전화 1644-5613 | **팩스** 02) 304-5613

ⓒ 장정현

ISBN 978-89-6952-386-0 03370

중3, 고1을 위한

확 바뀐

학종

학생부종합전형

정시가 확대되어도 학종의 영향력은 절대 줄어들지 않는다.

장정현 지음

경향BP

들어가는 말

정시 40% 확대 발표에 따른 학부모들의 혼란이 더욱 커지고 있습니다. 특히 학생부종합전형(이하 학종)이 입시의 중심이라고 믿고 있던 상황에서, 정시 확대에 따라 학종 비율이 크게 줄어들 것이라 걱정하고 아예 정시 중심으로 전략을 바꿔야 하나를 고민하는 경우도 있습니다. 하지만 학종은 이미 대입전형의 가장 중요한 축으로 자리 잡았고 이러한 기조는 앞으로도 변함이 없을 것입니다. 학종의 영향력은 절대 줄어들지 않습니다. 이 책에서는 학종의 영향력이 크게 줄어들지 않는 이유를 설명합니다. 반면에 학종을 준비하기가 더욱 쉬워졌음을 최신 자료를 통해 조목조목 밝힙니다. 또한 2022~2024학년도까지 시기별로 학종 전략을 올바로 세울 수 있도록 명쾌한 해법을 제시합니다.

우리의 대학 입시는 그 모습이 어떻게 변하더라도 부유층에 유리할 수밖에 없는 한계를 가지고 있습니다. 학종은 학생이 실제보다 우수한 학업능력과 발전가능성이 있어 보이도록 정보와 전략을 가지고 상당한 연출을 해야 하는 전형입니다. 있는 그대로의 모습으로 학종을 통해 대학에 진학하는 경우는 거의 없습니다. 학종은 특별한 학생들을 위한 전형이라고 합니다. 모든 것이 갖추어진 학생들을 뽑는 전형, 학교별·지역별 격차가 큰 전형, 학생 혼자의 힘으로 준비하기 너무 어려워 조력자가 필요한 금수저 전형이라 불리기도 합니다. 하지만 학종을 피할 수만도 없는 노릇입니다. 입시의 목표가 되어버린 서울 상위권 대학의 절반 가까이가 학종을 통해 학생을 선발합니다.

이 책은 중3 그리고 고1 학생들과 학부모들이 정확한 정보와 관점을 가지고 학종을 준비하는 데 도움을 주고자 설계되었습니다. 단순하게 각 대학의 모집요강이나 정부의 학종 홍보용 자료를 설명하는 것에 그치거나 그대로 전달하지 않습니다. 대학 입학사정관의 의례적인 상담 내용이 가장 정확한 진실인 것처럼 믿고 있는 각각의 사례들에 대해 팩트 체크를 합니다. 사교육기관이 숨겨 놓은 비밀인 듯 감추고 학부모를 현혹하는 소위 고급 정보를 뛰어넘는 학종의 진실과 합격의 방도를 이야기합니다. 학종 준비의 핵심을 짚어 학부모와 학생들에게 이 책에 나와 있는 지침들만 실천해도 합격할 수 있다는 믿음과 실질적인 도움을 드리고자 하는 마음으로 책을 준비하였습니다. 따라서 학부모들이 궁금해하는 질문들에 대하여 다른 입시정보서나 입학사정관들과는 전혀 다른 대답을 합니다. 쉽고 편하게 이해할 수 있도록 하면서도 가장 궁금해하는 내용들에 대해 팩트만을 제시합니다.

정보의 불평등 속에 놓여 있는 많은 학부모에게 정확한 정보를 제공하고 입시 정보의 불균형을 해소하는 데 힘을 보태고 싶습니다. 학종에 대한 정보는 많지만 정확한 정보는 많지 않습니다. 대학 입시설명회, 사설 입시 컨설팅, 정부나 EBS 입시 상담, 대학 입학사정관에게서도 시원스럽게 답변을 들을 수 없습니다. 입학사정관들의 견해는 너무 교과서 같은 이야기이거나 심지어는 사실과 다른 정보로 학부모와 학생들을 혼란스럽게 합니다. 그들의 입장에서는 그렇게밖에 이야기할 수 없을 것이라는 것을 이해합니다만 깜깜이 전형, 로또 전형이라는 오명에서 벗어나려면 공정성 확보를 위한 노력을 기울여야 합니다. 정직한 입시자료의 공개와 투명한 입시 행정이 그 시작입니다. 오랫동안 교육 운동을 하였고 많은 학생의 입시 지도를 통해 학종을 접했던 필자가 대학원에서 학종에 대하여 수행했던 전문적인 연구를 토대로 학종을 준비하는 데 실질적으로 필요한 핵심 정보와 조언을 드리고자 합니다. 이 책을 토대로 학부모와 학생들이 정보를 가려 판단할 수 있고, 조금 일찍 계획하고 준비한다면 사교육비를 줄일 수 있을 뿐 아니라 입시 성공이라는 큰 수확을 얻을 수 있을 것으로 확신합니다.

이 책은 교육의 책무나 입시의 올바른 방향 등을 논하기 위함이 아님을 밝힙니다. 단지 학종에 대한 정확하고 좋은 정보를 주고자 하는 정보서입니다. 학종 자체가 상위권 학생을 위한 전형이기에 성적이 부족한 학생은 마음 상하거나 거부감이 드는 표현도 있을 수 있습니다. 팩트를 이야기하려다 보니 때에 따라서는 비교육적이거나 뼈를 때리는 표현에 거부감을 느낄 수도 있습니다. 돌려 이야기하지 않고 사실 그대로의 정보를 솔직하게 이야기하고자 하는 의도이니 너그러이 이해해주길 바랍니다.

학생부종합전형은 대학 입시의 한 축으로 자리를 잡았고, 앞으로도 이러한 틀은 변함이 없을 것입니다. 학종은 그 속성상 장단점이 공존할 수밖에 없는 전형입니다. 성적에 의해서만 줄 세우는 것을 극복하고 학교 교육의 다양한 활동을 촉진하여 고교 교육 정상화에도 기여한 측면이 있습니다. 학종이 적절한 비율로 단점을 보완하고 장점을 살려 나간다면 최고의 입시 전형으로 안착하리라 생각합니다. 이 책이 본의 아니게 학종에 대한 비판적인 형태를 띠고 있는 듯하지만 학종의 문제점을 가감 없이 드러내 개선하면 모두가 만족하는 입시 전형이 될 것이라고 확신합니다. 학종이 진정으로 꿈을 심어줄 수 있는 전형, 사교육에 의존하지 않는 전형, 소외계층을 배려하는 전형으로 발전할 수 있기를 기원합니다.

매년 분당에서 교육 문제에 관심을 가지고 학생부종합전형에 대한 토론회를 개최하고, 이 책이 나올 수 있도록 많은 도움을 주신 김병욱 국회의원과 늦게 시작한 대학원 공부를 헌신적으로 이끌어주시고 깊은 가르침을 주신 고려대 교육학과 변기용 교수님께 특히 감사드립니다. 또한 깊은 안목을 가지고 내용 검토를 해주신 아이콘입시전략연구소 서효언 소장님, 꼼꼼하게 읽고 감수해주신 최경호 원장님, 토론과 조언으로 깊이를 더해주신 전세환님과 정상화님, 끝으로 많이 부족한 필자를 항상 믿어주고 삶에서 가장 큰 힘이 되어주는 사랑하는 김정혜님에게 깊은 감사의 말씀을 드립니다.

장정현

차례

======== PART 1 ========

확 바뀐 대학 입시
전략을 더하라

확 바뀐 학생부종합전형
학교생활기록부를 장악하라

확 바뀐 학생부종합전형 전략
이것이 핵심이다

확 바뀐 학생부종합전형
모르면 당한다

확 바뀐 학생부종합전형
자기소개서와 면접에
비밀이 있다

표 차례

확 바뀐 대학 입시
전략을 더하라

정시 40% 확대에 따른 학생부종합전형, 어떻게 대처해야 하나요?

　교육부가 정시 40% 확대를 중심으로 한 '대입제도 공정성 강화 방안'을 발표하자 학부모들은 급격한 입시제도 변화로 혼란을 겪고 있습니다. 특히 학생부종합전형이 정시 확대에 따라 비율이 크게 줄어들 것이라 걱정하고, 아예 정시 중심으로 전략을 바꿔야 하나를 고민하는 경우도 있습니다. 하지만 학종은 이미 대입전형의 가장 중요한 축으로 자리잡았고 이러한 기조는 앞으로도 변함이 없을 것입니다. 여기서 정시 40% 확대 발표가 학종에 미치는 영향을 짚어보고자 합니다.

　첫째, 학종의 영향력은 절대 줄어들지 않습니다. 서울 소재 상위권 대학이 가장 좋아하는 전형이 학종이기 때문입니다. 지방은 대개가 학생부교과 위주의 전형 (55.7%, 2021학년도 기준)입니다. 실제 이러한 모습은 서울 소재 16개 대학에 한하여 수능위주전형으로 40% 이상 선발하도록 권고하는 것에서도 나타납니다. 앞으로 보면 알겠지만 서울 소재 대학들은 학종을 줄여 수능위주전형을 늘리는 것이 아니라 논술, 특기자전형, 학생부교과전형 등을 줄여 40%를 채우려 할 것입니다.

학종의 영향력은 절대 줄어들지 않습니다.

둘째, 학종은 재학생 위주의 리그입니다. 반면에 정시는 재수생들이 강세입니다. 우수한 재수생 더 나아가 N수생들이 거의 독차지합니다. 재학생들에게 정시에 강한 재수생들과 경쟁 없이 좀 더 쉬운 합격 전략이 학종인 것입니다. 고등학교 2학년이 되면 학종파와 정시파로 나누어집니다. 대개 학생부가 충실한 경우, 특히 내신성적이 높은 학생들은 학종을 통한 선택의 폭이 넓습니다. 반면에 내신 확보에 실패한 경우 어쩔 수 없이 정시에 올인하게 되는 것입니다. 하지만 이것 역시 내신 확보에 실패한 자사고/특목고 학생들이 경쟁력을 갖습니다. 내신 확보에 실패한 일반고 학생들을 위한 몫은 거의 없습니다. 더군다나 정시 확대 정책으로 앞으로 재수생 수의 급격한 증가가 예상됩니다. 실제로 강남, 분당 등의 지역이 정시 강세지역이라기보다는 그곳에 있는 학생들 중에 재수생이 많고 재수생이 선택할 수 있는 전형이 정시와 논술뿐이어서 정시에 강한 것처럼 보이는 것입니다.

학종 비율도 거의 줄어들지 않을 것입니다.

셋째, 실제로 학종의 비율이 줄어들기보다는 논술전형과 특기자전형이 대폭 줄어들거나 폐지될 것으로 예상합니다. 정부의 정책도 대입 전형을 학생부위주전형과 수능위주전형으로 단순화한다는 것을 밝혔습니다. 논술 및 특기자전형 축소/

폐지는 과거에서부터 단계적 폐지 방침이었는데 이번 사태를 계기로 가속화될 것으로 생각됩니다. 이러한 정책은 정부의 대학재정지원 정책과 연계되어 있어 대학으로서는 따르지 않을 수 없게 되어 있습니다.

마지막으로, 가장 중요한 것이 학종을 준비하기가 더욱 쉬워졌다는 것입니다. 우리나라 입시 특성상 대부분의 재학생은 학종과 정시를 함께 준비하고 있지만 예전에는 학종이냐 정시냐의 이분법적인 사고가 어느 정도 설득력이 있었습니다. 정시를 준비하며 학교 내신은 기본이고 각종 비교과를 준비하는 부담이 적지 않았기 때문입니다. 여기에 최상위권 학생들은 논술까지 준비하는 경우도 많았습니다. 확 바뀐 학종에서 내신이냐 수능이냐를 선택하는 것은 어리석은 일입니다. 단한 가지 예외가 특목고나 자사고 등 내신보다 수능 모의고사가 월등히 높은 경우입니다. 요즘은 거의 모든 고등학교가 내신 시험을 수능 유형으로 출제합니다.

대입 정책 변화를 고려하여 전략을 수립해야 하지만 너무 민감하게 반응하는 것은 약이 되기보다 오히려 독이 될 수도 있습니다. 학종의 영향력은 절대 줄어들지 않는다는 점을 명심하며 전략을 세워야 합니다.

Q2

2022학년도부터 2024학년도까지
학종의 가장 큰 변화를 알고 싶어요

2022학년도부터 2024학년도까지는 입시제도, 그중에서도 학종의 변화가 가장 크게 변하는 시기입니다. 학종 정책이 급격하게 변하는 시기이니 정확한 정보로 제대로 대처하는 것이 어느 때보다도 필요합니다.

정규교육과정이 아닌 비교과활동은 대입에서 폐지되고 자기소개서 및 고교프로파일 폐지 등 학생부종합전형의 투명성·공정성이 강화됩니다. 또한 서울 소재 16개 대학에 수능위주전형을 40% 이상 확대 요청하며 논술위주전형과 어학·글로벌 등 특기자전형 폐지를 적극 유도합니다. 사회적 배려 대상자 선발 10% 이상 의무화, 수도권 대학 대상 지역균형 선발 10% 이상 선발 권고 등 사회적 배려 대상자의 기회 확대와 지역균형 발전을 위한 사회통합전형 도입 등이 시행될 예정입니다. 이 부분도 앞으로의 입시에서 상당히 비중 있게 역할을 할 것으로 보입니다. 해당자들이 이러한 내용을 잘 몰라서 활용을 못하는 경우가 많습니다.

2022 ~2024학년도 입시제도(학종) 변화

구분	2022학년도	2023학년도	2024학년도
학생부 비교과영역 축소	• 학생부 기재항목 축소 • 수상경력 대입 제공 학기당 1개 • 자율동아리 연간 1개 • 소논문 기재 금지 등		• 정규교육과정 외 비교과활동 대입 반영 폐지
자기소개서, 교사추천서	• 자기소개서 문항 및 글자 수 축소		• 자기소개서 폐지
	• 교사추천서 폐지		
학종 운영의 투명성 강화	• 고교정보 블라인드 확대(면접→서류+면접) • 고교프로파일 전면 폐지		
수능위주전형 확대	• 16개 대학 수능 40% 이상 권고		• 16개 대학 수능 40% 이상
사회통합전형 도입 의무화	• 사회적 배려 대상자 선발 10% 이상 의무화 및 지역균형 선발 10% 이상 권고		
특기자전형, 논술위주전형 폐지	• 재정지원 사업과 연계하여 폐지 유도		

주) 교육부(2019.11.28.), 대입제도 공정성 강화 방안

가장 큰 변화는 수상경력과 동아리활동입니다.

가장 중요한 것은 학생부 기재 항목이 대폭 축소되어 학종 준비의 부담이 확 줄었다는 것입니다. 2022~23학년도에는 학종에서 대입에 제공되는 수상경력의 개수가 학기당 1개로 제한됩니다. 자율동아리도 2022~23학년도에는 연간 1개만 기재되고 2024학년도부터는 미기재됩니다. 2024학년도부터는 자기소개서가 폐지됩니다. 논술도 폐지로 가고 있습니다. 기존에 비해 학종 준비가 간단하고 훨씬 쉬워진 겁니다.

2022학년도 대학입학제도
개편방안에 대해 알고 싶어요

2022학년도 대학입학제도 개편방안[1]은 대입전형의 공정성과 투명성 강화라는 사회적 요구와 미래 사회에 대비한 융합적 인재 양성에 부합하는 대입제도 등의 교육 혁신 내용을 담고 있습니다. 개편방안에는 여러 가지가 있지만 학생부종합전형과 관련하여 주목할 만한 것은 다음과 같습니다.

첫째, 정시 수능위주전형 비율 확대입니다. 정시 수능위주전형 비율이 30% 이상으로 확대될 수 있도록 권고하기로 했습니다만 추가 발표로 서울 소재 16개 대학에 대해 40% 이상으로 바뀌게 됩니다. 권고라고 하지만 이것은 국가 재정지원과 연계되기 때문에 대학에서는 따르지 않을 수 없게 됩니다.

---

1 2022학년도 대학입학제도 개편방안은 교육부, '2022학년도 대학입학제도 개편방안 및 고교교육 혁신방향'을 필자의 관점에서 정리함.

정시 수능위주전형 비율이 40% 이상으로 확대됩니다.

둘째, 수능 과목 구조 및 출제 범위의 변화입니다. 학생의 선택권 강화 및 부담 완화를 위하여 2015 교육과정의 문·이과 구분 폐지 및 융합 교육의 취지를 반영합니다. 이에 따라 사회/과학 탐구의 문·이과 구분을 폐지하고, 학생들의 진로와 적성, 희망에 따라 자유롭게 2과목까지 선택 가능합니다. 하지만 대학의 계열별 요구에 따라 이 안은 유명무실하게 될 가능성이 높습니다.

셋째, 수능 평가방법의 변화입니다. 현행과 동일하게 국어, 수학, 탐구 선택과목은 상대평가로 하고 영어, 한국사는 절대평가를 유지합니다. 큰 변화 내용은 '제2외국어/한문'이 절대평가로 바뀐다는 것과 EBS 연계율을 기존 70%에서 50%로 축소하고 간접연계로 전환한다는 것입니다.

넷째, 가장 주목해야 할 부분은 고교 학생부 기재사항이 변경되는 것입니다. '수상경력'은 현행대로 기재하되 대입 제공 수상경력 개수가 학기당 1개 이내(총 6개까지 제공 가능)로 제한됩니다. '자율동아리' 역시 기재 동아리 개수를 학년당 1개로 제한하고, 객관적으로 확인 가능한 사항만 기재할 수 있습니다. 또한 교사의 기재 부담완화 및 교사 간 기재 격차 완화를 위해 각 항목별 특기사항의 입력 글자 수가 축소[2]됩니다.

---

2 구체적인 축소 사항은 p. 56 및 p. 99~100 참조.

가장 주목해야 할 부분은 고교 학생부 기재사항 변경입니다.

다섯째, 대학의 선발 투명성 및 공정성 차원에서 재정지원과 연계된 대학 입학 평가기준과 대학별 여건 및 특성에 따라 부정적 사례도 공개를 유도한다고 합니다만 형식적인 형태에 그치고 실효성은 적을 것으로 예상됩니다.

대학입학제도 개편 비교표

구분	2021학년도	2022학년도 이후
수능위주전형 비율	수능위주전형 비율 확대 유도	수능위주전형 비율 40% 이상
수능최저학력기준	대학 자율 (선발방법 취지 고려)	대학 자율 (선발방법 취지 고려)
수능 출제범위 변동사항	국어: 화법과작문, 독서, 문학, 언어 수학(가): 수학 I , 확률과통계, 미적분 수학(나): 수학 I , 수학 II , 확률과통계 탐구: 계열 구분 택2	국어(공통): 독서, 문학 국어(선택): 화법과작문, 언어와매체 중 택1 수학(공통): 수학 I , 수학 II 수학(선택): 확률과통계, 미적분, 기하 중 택1 탐구(일반): 계열구분 없이 택2
수능 절대평가	영어, 한국사	영어, 한국사, 제2외국어/한문
수능 EBS 연계율	70% (영어 일부 간접연계)	50% (간접연계 확대)
자기소개서	현행 서식	서식 간소화 및 개선
교사추천서	유지	폐지
평가과정 투명화	다수 입학사정관 평가 권장 평가기준 공개 확대 유도	부정·비리 제재 근거법 규정 신설 추가
선발결과 공시	대학별 고교 유형별 합격자 수 공시	대학별 대입전형별 고교 유형·지역별 합격자 수 공시
면접·구술고사	대학 자율 (최소화 유도)	대학 자율 (최소화 유도)
논술전형	단계적 폐지 유도	단계적 폐지 유도

출처: 교육부, 2022학년도 대학입학제도 개편방안 및 고교교육 혁신방향. p.19. 요약

여섯째, 평가제도의 신뢰도 제고입니다. 공정한 학생부종합전형 운영을 위해 다수 입학사정관 평가 의무화 및 입학사정관 회피·제적 제도가 의무화됩니다. 회피·제적이란 학생과 특수관계에 있는 입학 관련자들을 배제시키는 것입니다.

마지막으로 논술전형과 특기자전형은 단계적으로 폐지를 유도합니다.

Q4

2022년 이후의 대학 입시에서
가장 큰 변수는 무엇인가요?

중학생 학부모님들은 자녀가 대학 진학할 시기에 입시제도가 어떻게 변해 있을까 항상 궁금해합니다. 언제든 경쟁력을 가질 수 있도록 실력을 쌓는 것이 가장 중요하지만 이와 함께 대입제도를 크고 멀리 볼 수 있는 능력도 필요합니다. 이에 따라 2022학년도 이후 대학 입시에 변수가 될 사항들에 대한 전망과 관련된 요인들을 살펴보면 다음과 같습니다.

첫째, 전체 입시 응시인원의 대폭 감소입니다. 당연히 경쟁률이 감소되고, 합격선도 상대적으로 낮아질 것입니다. 당장 2022학년도 4년제 대학 전체 모집인원은 전년보다 894명 감소한 346,553명입니다. 학령인구가 감소되고 있기 때문에 전체 모집인원 감소는 당연한 일이겠죠. 수시모집은 75.7%, 정시모집은 전년 대비 1.3% 증가한 24.3%입니다. 2022학년도에는 정시모집이 30% 이상으로 확대되는 것은 알고 계실 겁니다. 대학 모집인원의 감소 폭은 작은데 응시인원은 대폭 감소(매년 5만 명 정도 감소)하여 지원만 하면 들어갈 수 있는 대학이 매우 늘어납니다. 지방대학의 위기는 진작 시작되었고 벚꽃 피는 순서대로 대학이 문을 닫는다(망한다)는 이야기가 오래전부터 현실화되고 있습니다. 전국적으로 보면 앞으로 대학 가는 것에 큰 문제는 없어 보입니다.

둘째, 정시 수능위주전형 비율의 확대입니다. 계속적인 정시 확대 요구와 학종의 공정성 시비로 정부에서는 정시 비중의 상향을 발표[3]하였습니다. 교육부는 각 대학에 2022학년도 대입전형에서 수능위주 정시모집 비율을 30% 이상에서 40% 이상으로 확대할 것을 권고하였습니다. 40% 이상은 최소한의 비율이고, 수시 이월 인원까지 포함하면 정시 모집비율이 40%보다 다소 높아지게 됩니다. 다만 전국적인 정시 비중은 다소 큰 폭으로 확대될 것으로 보이나 서울지역의 주요 대학은 학종 축소보다는 논술전형, 특기자전형, 교과전형 폐지/축소 등으로 정시 확대에 따른 학종 비율의 감소는 적을 것으로 보입니다. 당연히 학종은 현재 과다하게 높아져 있는 상태여서 더 이상의 확대는 없을 것으로 예상합니다.

셋째, 자사고/특목고 정책의 변화입니다. 정부와 여당이 2025학년도부터 자율형사립고와 특수목적고(외국어고, 국제고)를 일반고로 일괄 전환하는 방안을 검토 중입니다. 고교 서열화를 해소한다는 취지입니다. 빠르면 올해 안에 초·중등교육법 시행령을 개정해 고교학점제가 시행되는 2025년 3월부터 자사고와 외고,

---

3 대통령이 국회 연설(2019. 10. 22.)에서 입시의 공정성을 강조하며 정시 비중 상향을 언급했고, 유은혜 장관(2019. 11. 7.)의 자사고/특목고 폐지 발표로 대입제도 개편안 마련을 공언하면서 대입제도 논의가 급부상하였음.

국제고를 한꺼번에 일반고로 전환하겠다는 게 핵심입니다. 지금까지 교육부는 각 시도교육청의 재지정 평가(5년 주기)에서 기준점수를 통과하지 못한 학교를 일반고로 전환했습니다. 자사고 폐지를 논하는 이들은 자사고가 '사교육을 부추긴다.'거나, '대학 입시 준비 기관으로서 학교를 서열화하고 있다.'는 등의 명분을 내세우고 있고, 자사고 폐지 반대를 주장하는 측은 학생과 학부모의 선택권을 박탈하고, 결과적으로 '전면 평준화'나 다름없는 방안이라며 목소리를 내고 있습니다. 다만 시기상 일괄 전환 시점이 2025년이어서 차기 정부 과제로 다시 논의될 여지가 있다는 점을 불확실성 요소로 보고 있습니다. 이러한 자사고 특목고 정책이 대학 입시의 큰 축을 바꿀 수 있을 것으로 예상합니다.

넷째, 상위권 대학의 학종 경쟁은 더욱 치열할 것입니다. 응시인원이 줄어들면 학부모나 학생들이 입시 고통에서 자유로워질까요? 당연히 아닙니다. 학종의 선발 비율은 그동안 꾸준히 증가해왔습니다. 앞으로 모집인원은 다소 줄어들겠지만 경쟁률은 줄어들지 않을 것으로 예상합니다. 상위권 대학은 경쟁이 더 치열해질 가능성이 높습니다. 또한 학종 재수생이나 반수생들도 증가할 것으로 예상됩니다. 예전에는 학종이 재학생만의 경쟁이라고 생각했는데 경쟁력 있는 학생부를 가진 경우에 수능최저학력기준을 요구하는 학교가 줄어듦에 따라 특별한 시험 없이 응시가 가능해졌습니다. 지방 하위권 대학이면 몰라도 서울 소재 주요 대학에 학종으로 합격하는 것은 높은 경쟁률로 인해 지금처럼 힘들 것입니다.

마지막으로, 고교학점제와 수능절대평가제 실시입니다. 2022년 대입제도 개편안 발표에서 미루어진 고교학점제는 대입 중심으로 획일적으로 운영되는 고교교육을 정상화하기 위해 고등학생이 대학생처럼 스스로 설정한 진로나 적성에 따라 다양한 과목을 선택해 이수하는 제도입니다. 교육부는 2025년 본격 시행을 목표로 현재 연구학교 102개 교, 선도학교 252개 교를 운영하고 있습니다. 이 제도는 절대평가와 맞물려 있고 수능절대평가제와도 연결됩니다.

우리나라 교육정책 중에서 가장 큰 문제점 중의 하나는 정책의 잦은 변경입니다. 국민적 민감성에 기대 선거 시기 등에서 중요 이슈가 됩니다. 중학교 학부모님들이 다행히 큰 걱정을 하지 않아도 되는 것은 입시를 치를 수험생이 3년 전에 대입 정책의 틀을 알 수 있도록 한 '대입 3년 예고제'가 4년 예고제로 바뀌는 고등교육법이 국회 본회의를 통과하여 앞으로는 교육부 대입정책 발표 시기가 4년 전으로 앞당겨집니다. 대입제도에 관한 학생/학부모의 예측가능성을 제고하기 위해 교육부장관이 대입정책을 정하거나 변경하려는 경우 해당 입학년도의 4년 전 학년도가 개시되는 날까지 공표하도록 하는 규정입니다. 최소한 장기적으로 대학 입시에 가장 커다란 변수가 무엇일까를 고민하면서 계획을 세워야 합니다.

주요 대학 수시모집 경쟁률은
어느 정도인가요?

수시 전략을 세울 때 고려해야 하는 요소 중 하나가 각 전형별 경쟁률입니다. 또한 경쟁률에 영향을 미치는 요소가 무엇인지 알아야 합니다. 가장 크게 영향을 미치는 요소 중 하나가 수능최저학력기준입니다. 최저학력기준 적용 여부에 따라, 최저학력기준이 높은가 낮은가에 따라 경쟁률에 엄청난 차이가 있다는 것을 알아야 합니다. 수시 전략을 수립할 때 선택의 폭이 다양하다고 해서 편안하게 대입에 성공할 수 있는 방법은 없다고 생각하는 것이 좋습니다.

각 수험생은 준비된 범위 안에서 가장 자신의 역량을 최적화할 수 있는 방향으로 전략을 짜는 것이 좋습니다. 대부분의 학생이 수능최저학력을 맞출 필요가 없고 내신성적에 대한 스트레스가 적기 때문에 학종을 선택합니다. 이것은 아주 잘못된 선택의 예라고 할 수 있습니다. 학종은 전반적으로 교과전형이나 정시보다 경쟁률이 높습니다. 쉽게 수능최저학력기준 없이 준비하는 전략이 아니라 본인이

수시모집(학종, 교과, 논술) 주요 대학 경쟁률(2020학년도)

구분	학종		교과		논술		실기 등		합계
	경쟁률	모집인원	경쟁률	모집인원	경쟁률	모집인원	경쟁률	모집인원	
서강대	13.47	868	–	–	95.33	235	–	–	1,103
한양대	15.33	1,081	7.07	288	86.55	376	16.53	196	1,941
건국대	15.51	1,336	–	–	64.6	451	25.43	28	1,815
성균관대	12.14	1,613	–	–	71.95	532	26.1	103	2,248
중앙대	14.42	1,230	9.47	596	50.31	827	23.06	405	3,058
동국대	12.38	1,143	–	–	43.33	470	41.68	161	1,774
경희대	10.61	2,220	–	–	54.73	714	25.12	336	3,270
연세대	9.41	1,091	–	–	44.38	607	6.42	599	2,297
서울시립대	12.6	727	11.93	184	48.82	142	31.14	22	1,075
홍익대	9.43	633	8.26	386	21.35	386	–	–	1,405
숙명여대	13.52	708	7.57	260	25.02	300	19.85	151	1,419
한국외대	8.02	1,011	5.31	562	37.61	493	8.17	87	2,153
이화여대	7.55	898	3.97	390	25.55	543	7.85	417	2,248
고려대	9.15	2,338	3.88	400	–	–	9.07	421	3,159
서울대	6.86	2,495	–	–	–	–	–	–	2,495
평균(합계)	10.95	19,392	6.89	3,066	50.27	6,076	15.88	2,926	31,460

할 수 있는 범위 내에서 수능최저학력기준을 충족하기 위해 노력하는 것이 더 현명한 전략이 될 수 있습니다.

수시모집 경쟁률에 영향을 미치는 요소를 살펴보겠습니다.

■ **학생부교과전형**

상위권 대학에서는 고등학교별 수준의 차이 때문에 학생부교과전형 모집 인원 비중은 매우 작습니다. 물론 경쟁률이 다른 전형에 비해서는 낮은 편이지만 그 또한 무시하지 못합니다. 중하위권 대학에서는 선발 비중이 상대적으로 높습니다. 학생부교과전형의 경쟁률을 좌우하는 것은 잘 아시는 바와 같이 수능최저학력기준입니다. 학생부교과전형에서는 수능최저학력기준을 고려하여 전략을 세우는 것이 가장 중요합니다. 사실상 수능최저학력기준이 합불을 가르는 핵심이라고 볼 수 있습니다. 또한 반영 교과목, 학년별 반영비율, 과목별 가중치, 면접 여부 등도 대학마다 다르고 경쟁률에 영향을 줍니다. 학교(장)추천전형은 상위권 경쟁의 관문을 뚫고 지원하기 때문에 경쟁률은 낮은 편이지만 학교 내 1차 관문을 통과하여야 한다는 과제가 있습니다.

■ 학생부종합전형

학생부종합전형은 상위권 대학이 가장 선호하는 전형으로 일단 높은 경쟁률에 주목해야 합니다. 약간의 허수를 고려하더라도 서울의 상위권 학종 지원자들은 고교 3년간의 학교생활을 충실하게 해온 학생들입니다. 사전에 준비되어 있지 않으면 지원이 힘들기 때문에 소신 지원 경향을 나타내고 경쟁률의 변화가 크지 않은 전형입니다. 중하위권 대학에서는 수능최저학력기준을 적용하지 않는 경우가 많지만, 학종 역시 상위권 대학이나 일부 의대의 경우 경쟁률에 영향을 미치는 가장 큰 요인은 수능최저학력기준이라고 보면 됩니다.

■ 논술전형

수시전형 전체에서 경쟁률이 가장 높은 전형입니다. 보통 논술을 준비하는 친구들이나 학부모들도 막연히 경쟁률이 높다는 것만 알고 있을 뿐 실제 경쟁률은 잘 모르는 경우가 많습니다. 로또 전형이라고 할 정도로 쉽지 않습니다. 인하대 논술우수자전형 의예과의 경우 381.4:1의 기록적인 경쟁률을 보이기도 했습니다. 논술전형에 영향을 미치는 가장 큰 요인 역시 수능최저학력기준입니다. 논술고사일이 수능 전인가 후인가도 전략상 중요한 요인이고, 경쟁률에도 영향을 끼칩니다. 논술전형은 N수생(반수생, 재수생, 삼수생 등)이나 자사고/특목고의 전유물로 생각하기도 합니다. 재수생들은 수능과 논술 2개 전형을 안고 가는 것이 일반적이기 때문입니다.

Q6
수능최저학력기준의 의미와
역할을 알고 싶어요

수능최저학력기준을 알면 대학 입시가 쉽다.

수능최저학력기준이란 각 대학이 일정한 학력 수준 이상이 되어야 한다고 설정한 수학능력시험 등급 기준을 말합니다. 학생부교과전형, 학생부종합전형, 논술전형 등의 수시 선발과정에서 수능 특정 영역의 일정한 등급 이상을 요구하는 것입니다.

수시에 합격했다 하더라도 대학에서 제시한 일정 수준의 수능 등급을 얻어야 최종합격을 할 수 있는 기준이 됩니다. 즉 수시모집에서 해당 전형에 수능최저학력기준이 포함되어 있다면 모든 조건을 충족하고 우수한 평가를 받았다 하더라도 수능성적이 그 기준에 미달되면 탈락합니다.

예를 들어 수시에서 학생부 100%로 선발하고, 최저학력기준을 수능 4개 영역 중 2개 영역 이상 2등급이라고 지정했다면, 학생부 성적을 통해 조건부 합격자가 되어도 최종 수능성적이 최저학력기준을 충족하지 못하면 불합격하게 됩니다. 수능최저학력기준은 말 그대로 기준일 뿐이어서 높은 점수로 통과했다고 해서 별도의 가산점이 주어지는 것은 아닙니다. 대체로 상위권 대학으로 갈수록 수능최저학력기준이 높기 때문에 모의고사 성적을 토대로 수능 학습 계획이나 수시 전략을 수립해야 합니다.

수능최저학력기준을 고려하여 입시 전략을 세워라.

학습 계획이나 수시모집 지원 계획을 세울 때 수능최저학력기준을 알고 있으면 매우 유리합니다. 우선 모의고사 성적을 토대로 수능 학습 계획을 효율적으로 세울 수 있습니다. 자신의 특성을 고려하여 전략 과목을 수정하거나 과목별 학습 계획을 조정하기도 합니다. 예를 들어 어떠한 전형에서 수능최저학력기준이 3개 영역 각각 2등급 이상이라고 했을 때 자신의 평소 실력이 2개 영역에서 1등급씩 받고 2개 영역은 3등급 정도라면 이 학생은 다른 요소에서 아무리 뛰어나도 불합격이 됩니다. 이 경우 학습 전략을 바꾸어 3등급 받는 과목에 좀 더 집중하거나 아예 3개 영역 합이 5등급인 전형으로 바꾸는 것이 더 효과적일 수 있습니다. 평소 자신의 모의고사 성적을 기준으로 목표 대학 수능최저학력기준의 과목별 학습 방법과 비중 등을 조정하며 학습 전략을 세워야 합니다.

수능최저학력기준과 관련하여 가장 중요한 것은 수능최저학력 적용, 미적용 여부에 따라 경쟁률이 매우 크게 차이가 난다는 점이라는 것을 앞서 언급한 바 있습니다. 대학마다 차이가 있지만 대학이 설정한 최저학력기준을 충족하는 비율이

수시 수능최저학력기준 예시

구분	대학(전형 명칭)	수능최저학력기준	수능최저학력 미적용
학생부 종합전형	서울대(지역균형)	3개 영역 이상 2등급	건국대, 단국대, 동국대, 서강대, 서울대, 서울시립대, 성균관대, 숙명여대, 인하대, 중앙대, 한국외대, 한양대
	고려대(일반전형)	인문(4개 합7), 자연(4개 합8)	
	연세대(활동우수형)	인문(2개 합4), 자연(2개 합5)	
	경희대(네오르네상스)	2개 합5	
	이화여대(미래인재)	3개 합6	
학생부 교과전형	고려대(학교추천1)	인문(3개 합5), 자연(3개 합6)	동국대, 연세대, 이화여대, 한양대
	서강대, 중앙대	3개 합6	
	한국외대, 숙명여대	2개 합4	
	서울시립대, 홍익대	인문(3개 합7), 자연(3개 합8)	
	국민대	인문(2개 합5), 자연(2개 합6)	
	숭실대, 한성대	인문(2개 합6), 자연(2개 합7)	
	홍익대	인문(3개 합7), 자연(3개 합8)	
논술전형	성균관대	2개 합4 및 영어 2등급	단국대, 서울시립대, 연세대, 인하대, 한국외대, 한양대
	서강대, 중앙대	3개 합6	
	이화여대	3개 합6	
	경희대, 건국대, 동국대	인문(2개 합4), 자연(2개 합5)	
	한국외대, 숙명여대	2개 합4	
	숭실대	인문(2개 합6), 자연(2개 합7)	

주) 2022학년도 기준, 수능최저학력기준은 계열마다 다르고 매년 변동이 있으므로 해당 학년과 학교의 모집요강을 직접 확인해야 함.
※ 논술전형은 정부가 지속적으로 단계적 폐지를 유도하고 있으며, 정시 확대 정책 발표(2019.11.28.)에 따라 폐지나 축소가 지속될 것으로 보임.

50%가 채 되지 않는 경우가 많습니다. 수능최저학력기준은 학생부교과전형, 논술전형에서 주로 적용되며 학생부종합전형에서는 줄어드는 추세입니다.

위 표를 보면 학종의 경우 대체로 서류와 면접을 통한 정성평가를 실시하므로 수능최저학력기준을 적용하지 않는 비율이 높습니다. 상위권 대학의 경우 서울대(지역균형), 고려대, 이화여대, 서울교대, 홍익대 등을 제외한 대부분이 수능최저학력기준을 적용하지 않습니다. 반대로 학생부교과전형은 한양대, 이화여대 등 몇 개 대학을 제외하고 대부분 수능최저학력기준을 적용합니다. 고교 간 격차에 따른 교과성적을 보완하기 위한 조치입니다. 교과전형으로 지원 전략을 세울 때는 성적보다는 오히려 수능최저학력을 기준으로 해야 합니다. 교과전형을 준비하는 대부분의 지원자들이 상대적으로 수능에서 경쟁력이 떨어지기 때문에 교과전형에 지원하기 전에 가장 먼저 고려하여야 할 첫 번째 조건은 수능최저학력기준을 충족할 수 있는지의 여부입니다.

논술전형도 수능최저학력기준이 완화되는 추세이지만, 수능최저학력기준 적용 비율이 높고 영향력도 큽니다. 수능성적이 우수할수록 대학 선택 범위가 넓어지므로 논술전형에 지원하기 위해서는 전략적으로 수능을 준비해야 합니다. 반대로 수능최저학력기준 미적용의 경우 상상을 초월하는 경쟁률과 어려움으로 대부분 일반고 출신들은 들러리라고 생각하면 됩니다. 연세대가 수능최저학력기준을 폐지한 이유가 일반고나 지방고 출신들을 배려하기 위한 것이 아니라 과거에 특기자전형으로 선발했던 과학고, 영재고, N수생 출신들의 길을 마련해준 것이라고 보면 됩니다.

Q7

학생부교과전형은 몇 등급이 되어야
합격 가능한가요?

학생부교과전형은 고교 내신성적으로 뽑는 방식입니다. 실제 수시전형 전체의 55%를 차지하고 전체 모집비율에서도 40%를 상회할 정도로 가장 비중이 높습니다. 고등학교마다 실력이 천차만별이기 때문에 동등하게 평가하기 어렵다는 이유로 상당수의 상위권 대학교는 학생부교과전형을 채택하지 않습니다. 소위 상위권 대학 중에 학생부교과전형을 채택하고 있는 대학은 고려대, 한양대, 이화여대, 중앙대, 한국외대 정도이고 비율도 낮습니다. 주로 지방 국립대와 지방 4년제 대학이 선호하는 전형입니다.

그렇다면 학생부교과전형은 몇 등급이 되어야 합격 가능할까요?

학생부교과전형 합격 가능 등급과 수능최저학력기준

대학	전형방법	성적등급대	수능최저학력기준
서울교대	교과 + 면접(단계별)	1.1~1.1	적용
고려대	교과 + 면접(단계별)	1.0~1.7	적용
한양대	교과 100 + 학생부 제출	1.0~2.5	미적용
이화여대	교과 + 면접(일괄)	1.1~1.9	미적용
한국외대	교과 100	1.3~2.2	적용
서울시립대	교과 100	1.2~2.3	적용
중앙대	교과70 + 비교과30	1.1~1.9	적용
국민대	교과 100	1.5~2.4	적용
홍익대	교과 100	1.4~2.2	적용
숭실대	교과 100	1.8~2.5	적용
가천대	교과 + 면접(단계별)	1.4~2.5	적용
세종대	교과 100	1.4~2.1	미적용

주) 성적 등급대는 대략적인 이해를 위한 것으로 계열별 평균 등 정확하고 구체적인 성적은 대교협의 '어디가'나 각 대학의 입학처 사이트에서 확인할 것. 한국외대는 2021학년도에는 수능최저학력기준 적용함.
출처: 한국대학교육협의회, 2021학년도 대입정보 119

학생부교과전형의 몇 가지 특징을 알아보면 다음과 같습니다.

첫째, 예측가능성이 높은 전형입니다. 학생부교과성적을 바탕으로, 대학에 따라서는 수능최저등급을 활용하여 합격과 불합격을 결정하는 정량적 평가를 실시하기 때문에 학생부종합전형이나 논술전형 등에 비하여 예측가능성이 높은 전형입니다. 간단히 말해서 숫자로 평가를 하기 때문에 지원하는 학생의 입장에서 봤을 때 이미 확정되어 있는 내신성적과 평균적으로 나오는 자신의 수능모의고사 등급을 바탕으로 각 대학의 과거 연도 내신 커트라인과 수능최저등급을 비교해 지원을 하므로 예측가능성이 높다는 것입니다. 학생부종합전형이나 논술전형에 비해 경쟁률은 낮지만, 내신성적만을 1차적인 자료로 하여 지원하기 때문에 합격 예측 내신성적은 학종이나 논술에 비해서 비교적 높게 형성되고 있습니다. 일반고의 내신이 우수한 학생들은 수시전형 6회 지원 중에서 교과전형에 1~2개 지원하여 전형 준비에 대한 부담을 줄이는 경우가 많습니다.

둘째, 수능최저학력기준을 고려해야 합니다. 학생부교과전형은 다른 전형에 비해 수능최저학력기준의 충족을 많이 요구하는 전형입니다. 따라서 학생부교과전형에서는 수능최저학력기준을 고려하여 전략을 세우는 것이 가장 중요합니다. 사실상 수능최저학력기준이 합격 여부를 결정하는 핵심요소라고 볼 수 있습니다. 물론 수능최저학력기준을 적용하지 않는 한양대, 이화여대 등의 대학들도 있습니다만 이럴 경우에는 대개 내신이 1점대 초반 정도로 극상위권이어야 합니다.

학생부교과전형은 수능최저학력기준을 고려하여야 하며 내신이 극상위권이어야 합니다.

셋째, 교과성적 반영 과목 및 반영 방법 등에 따라 합격가능성이 달라질 수 있습니다. 학교에 따라서 반영 교과목, 학년별 반영비율이 다르고 과목별 가중치 등이 서로 다른 경우가 많으므로 지원하려는 대학의 전형요소와 반영비율을 확인하고 지원하려는 대학별 유불리를 비교해 보아야 합니다. 전 교과를 반영하는 대학은 고려대, 서울시립대 정도이고 이화여대는 국영수사과를 반영합니다. 국영수사/국영수과를 반영하는 대학이 대부분인데 한양대, 중앙대, 국민대, 숙명여대 등이 포함됩니다. 따라서 교과성적 반영 과목 및 반영 방법을 확인하는 것은 학생부교과전형의 기본입니다.

넷째, 학생부교과전형의 전형요소는 학생부교과성적, 면접, 서류 등으로 그중 가장 영향력이 있는 요소는 학생부교과성적입니다. 많은 대학에서 학생부교과 100%로 선발하지만 상위권 대학은 학생부교과+면접, 학생부교과+비교과(학생부 등), 학생부교과+서류+면접, 수능최저학력기준 등의 전형요소를 활용하여 일괄합산 또는 단계별 전형으로 선발합니다.

마지막으로, 일반적으로 수능에서 상대적으로 경쟁력이 약하고 교과성적이 우수한 일반고 상위권 학생들이 지원합니다. 또한 안정지원 경향으로 중복합격, 대학 간 합격자의 이동, 추가합격자도 다른 전형에 비하여 많은 편입니다. 학생부교과전형은 다른 전형에 비해 전형방법이 간소하다는 장점이 있습니다. 학생부교과 100%인 경우 원서접수 시 학교생활기록부 온라인 제출에 동의만 하면 별도의 제출 서류도 없습니다.

대학 입시 전형에는 어떤 것이 있고 선발비율은 어떤가요?

　대학 입시 전형은 크게 수시모집과 정시모집으로 나누고, 수시모집은 크게 4가지 전형으로 분류합니다. 학생부교과전형, 학생부종합전형, 논술위주전형, 실기위주전형입니다. 핵심 전형요소를 중심으로 대입전형 체계 내에서 전형유형은 6개(수시는 4개, 정시는 2개) 이내에서 운영합니다. 수시는 6개까지 지원할 수 있고 정시는 가, 나, 다군 각각 하나씩 3개까지만 지원 가능합니다. 단, 특별법에 의해 설립된 대학인 KAIST(한국과학기술원), GIST(광주과학기술원), 경찰대, 육·해·공군 사관학교, 한국예술종합학교 등이나 산업대학, 전문대학은 수시 6개 지원 제한에 해당하지 않고 추가로 지원할 수 있습니다. 다만 산업대학이나 전문대학은 수시모집에 합격하면 정시모집에 지원할 수 없으나 특별법에 의해 설립된 대학들은 수시모집에 합격하더라도 정시모집 지원이 가능합니다.

대학 입시 전형별 선발비율(2022학년도 기준)

구분	전형유형		모집비율(%)		주요 전형요소
			전국	주요 대학[4]	
수시 모집	학생부	교과	42.9	11.4	교과 중심
		종합	22.9	35.4	비교과, 교과, 면접 등 (자기소개서, 추천서 활용 가능)
	논술 위주		3.2	8.8	논술 등
	실기 위주, 기타		6.7	5.4	실기 등(특기 등 증빙자료 활용 가능)
정시 모집	수능 위주		21.9	37.6	수능 등
	실기 위주, 기타		2.5	1.5	실기 등(특기 등 증빙자료 활용 가능)

출처: 교육부, 2022학년도 대학입학전형 시행계획

위 표는 대입 전형유형과 전형요소에 따른 모집비율을 나타낸 것입니다. 도표에서 보듯이 모든 전형을 통들어 학생부교과전형이 전국적으로 42.9%로 가장 큰 비중을 차지하고 있지만 서울 소재 주요 대학을 기준으로 보면 학생부종합전형이 35.4%로 상당히 큰 비중임을 알 수 있습니다. 지방 국·공립대의 경우 학생부교과전형으로 선발하는 비율이 높고, 서울·수도권 주요 대학의 경우 학생부종합전형의 선발비율이 상대적으로 높은 추세인데 대학 입시의 축이 수도권을 중심으로 이루어지기 때문에 그만큼 비중이 크다고 할 수 있습니다. 2022학년도 대입제도 개편방안에 따라 2022학년도부터 정시 수능위주전형 선발비율이 30% 이상(서울 소재 16개 대학은 40% 이상 권고)으로 확대됩니다.

---

4 주요 대학(15개): 건국대, 경희대, 고려대, 동국대, 서강대, 서울대, 서울시립대, 성균관대, 숙명여대, 연세대, 이화여대, 중앙대, 외국어대, 한양대, 홍익대

Q9

수능시험 과목과 시험시간은
어떻게 되나요?

수능시험은 보통 총 6과목 또는 7과목을 응시합니다. 국어, 수학, 영어, 한국사, 사회탐구나 과학탐구 중 2과목을 선택합니다. 필요에 따라서는 제2외국어/한문 중에서 추가 1과목을 선택할 수 있습니다. 2017년부터는 한국사가 필수과목으로 지정되고, 절대평가(9등급)로 등급만 제공됩니다. 원점수 기준 국어, 영어, 수학 각각 100점 만점, 탐구와 한국사, 제2외국어/한문 과목은 50점씩으로 이루어집니다. 영어는 한국사와 마찬가지로 절대평가(9등급)로 이루어지며 대학교별 영어 반영 전형방식을 살펴본 후 자신의 영어성적을 바탕으로 유불리를 검토하여 대학을 지원하는 것이 필수입니다.

수능시험을 대비할 때는 문제를 정확하게 푸는 것도 중요하지만 정해진 시간 내에 풀 수 있는 능력을 향상시키는 것도 매우 중요합니다. 따라서 수능을 대비한 모의고사 문제풀이를 할 때는 시간을 엄수하여 시행하여야 합니다. 실전대비

수능 과목별 배점 및 시험시간

영역		문항 수	문항 유형	배점		시험 시간	비고
				문항	전체		
국어		45	5지 선다형	2, 3	100점	80분	
수학		30	1~21 5지 선다형, 22~30 단답형	2, 3, 4	100점	100분	– 2021, 2022학년도 수능 출제 범위 각각 다름[5] – 2021학년도까지 문과·이과 구별 하여 응시 – 2022학년도부터 문과·이과 구별 없이 응시
영어		45	5지 선다형	2, 3	100점	70분	듣기 17문항
탐구 (택1)	사회 탐구	과목당 20	5지 선다형	2, 3	과목당 50점	과목당 30분	생활과 윤리, 윤리와 사상, 한국지리, 세계지리, 동아시아사상, 세계사, 법과정치, 경제, 사회·문화, 한국사(2017년부터 필수과목으로 지정되어 빠짐) – 10개 과목 중 택2
	과학 탐구	과목당 20	5지 선다형	2, 3	과목당 50점	과목당 30분	물리 I, 물리 II, 화학 I, 화학 II, 생명과학 I, 생명과학 II, 지구과학 I, 지구과학 II – 8개 과목 중 택2
제2외국어/ 한문		과목당 30	5지 선다형	1, 2	과목당 50점	과목당 40분	– 9과목 중에서 1과목 응시 – 서울대 문과는 제2외국어 필수 – 상위권 대학은 탐구 1과목 대체 가능
한국사(필수)		20	5지 선다형	2, 3	50점	30분	– 절대평가(9등급) 도입하여 등급만 제공

---

5 국어, 수학, 탐구의 수능 출제 범위 변동사항은 p.23쪽 참조.

를 하기 위해서 정해진 시간 내에 문제를 푸는 연습을 해야 한다는 것입니다. 중하위권 학생들의 경우에는 몇 점짜리 문제 혹은 어떤 유형의 문제들을 전략적으로 준비할 것인지를 분석하여 대비하는 것이 필요합니다.

Q10

학생부종합전형에서 쓰이는
용어를 알고 싶어요

1. 학생부 교과와 비교과란 무엇인가요?

학교생활기록부에는 교과와 비교과 영역에 대한 성적 혹은 활동 내용이 표시됩니다. 교과는 곧 내신성적으로서 각 교과목의 성적(지필고사 + 수행평가)을 의미합니다. 비교과는 학생부에 기재된 내용 가운데 교과 부분을 제외한 영역의 기록을 말합니다. 출결/봉사/창의적 체험활동/수상성적/자격증/교과학습발달상황 내 세부능력과 특기사항 등이 해당됩니다.

2. 원점수, 표준점수, 백분위, 변환표준점수, Z점수란 무엇인가요?

■ **원점수**

맞힌 문항에 해당되는 배점을 단순히 합산한 점수입니다. 수능성적표에 원점수는 표기되지 않으나 가채점한 성적을 토대로 어느 위치에 해당되는지 파악할 때 주로 쓰입니다. 국어/수학/영어 과목은 100점 만점이며 한국사/탐구/제2외국어/한문 과목은 50점 만점입니다.

■ 표준점수

원점수의 상대적 서열을 나타내는 점수입니다. 다른 과목에서 같은 원점수를 받더라도 시험 난이도가 높은 영역은 표준점수가 높게, 난이도가 낮은 영역은 표준점수가 낮게 나타납니다. 한편 수능성적표는 반올림을 해 표기하므로 원점수가 다르더라도 표준점수가 같을 수 있습니다.

■ 백분위

응시학생 전체에 대해 자기보다 낮은 점수를 받은 수험생들의 비율을 백분율로 나타낸 수치입니다. 예를 들어 백분위 95%는 내 밑에 95%, 내 위에 5%의 수험생들이 있다는 것입니다. 영역(과목) 내에서 수험생의 상대적 서열을 나타내므로 학생 자신의 영역별 강점과 약점을 대략적으로 알아보는 데 이용할 수 있습니다. 대체로 중하위권 대학들에서는 정시모집에서 백분위를 반영합니다.

■ 변환표준점수

선택과목에 따른 표준점수의 유불리를 보정하기 위해 산출하는 점수입니다. 수능에서 탐구과목은 응시한 과목에 따라 동일한 백분위임에도 표준점수의 차이가 발생합니다. 이 차이를 보정하기 위해 많은 대학에서 탐구과목에 대해 변환표준점수를 채택하고 있습니다. 보통 각 과목의 백분위별 표준점수들의 평균으로 구하는 경우가 많습니다.

■ Z점수

대학들이 내신성적을 산출할 때 과목별 난이도 등을 보완하기 위해 산출하는 점수입니다. 원점수에서 평균점수를 뺀 후 표준편차로 나누어서 계산합니다. 표준점수를 구하는 공식에 포함되어 있기 때문에 평균이 낮은 시험에서 고득점을 받았을 때 높은 z점수를 얻을 수 있습니다. 등급이 같더라도 z점수는 다르게 나오는 경우가 많으므로 자신의 지원대학에 따라 꼭 계산해 봐야 합니다.

3. 모집시기(수시모집, 정시모집)는 어떻게 구별하나요?

모집시기는 수시모집, 정시모집, 추가모집으로 구분합니다. 일반적으로 수시모집의 원서접수는 9월 초에 실시하며, 정시모집은 12월에서 다음 해 1월까지 시행됩니다.

■ 수시모집

수능성적으로만 학생을 선발하지 않고 다양한 능력과 재능을 반영하기 위해 정시모집에 앞서 선발하는 전형입니다. 수시모집에 지원하여 합격하면 정시모집에 지원할 수 없고, 수시모집에서 지원자가 미달된 모집단위의 경우는 정시모집에서 선발하기도 합니다.

수시모집과 정시모집의 비교

구분	수시모집	정시모집
뜻	– 내신이나 고교활동, 개인의 특성을 중심으로 학생을 모집하는 전형 – 학생부중심전형, 논술전형, 실기전형으로 나눔	수능을 중심으로 학생을 모집하는 전형
비율 (2022학년도 기준)	전국 4년제 대학 262,378명(75.7%)	전국 4년제 대학 84,175명(24.3%)
모집시기	9월부터 12월까지 학교별로 일정 다름	수능성적 발표 이후 12월 하순경
응시횟수	– 6회까지 지원 가능 – 한 대학이라도 합격하면 정시모집 응시 불가	가, 나, 다 3개 군 각 1회씩 지원 가능
특징	– 학생부와 논술, 면접, 자기소개서 등이 중요 – 수능은 최저학력기준으로만 활용	– 수능만으로 혹은 수능+학생부 – 수능 비중이 매우 높음
장·단점	– 합격 예측이 어려움 – 다양한 능력 발휘 – 높은 경쟁률	– 성적에 따른 합·불 예측 가능 – 수능성적에 의존 – 재수생 강세

주) 정시모집비율은 2022학년도 이후 급격하게 증가함(서울 소재 16개 대학은 40% 이상 권고).

■ **정시모집**

대학이 수능성적을 중심으로 가군, 나군, 다군과 같이 나누어 전형 실시 기간을 구분하여 모집하는 것을 의미합니다. 정시모집에서는 대학(교육대학 포함)마다 교육부가 구분한 군(가, 나, 다군)이 정해져 있는데, 각 군마다 한 곳만 선택하여 지원해야 합니다. 수시모집에 합격한 학생은 정시모집과 추가모집에 지원할 수 없으며(단, 특별법에 따라 설립된 대학은 제외), 정시모집에 합격하고 등록한 자는 추가모집에 지원할 수 없습니다. 단, 추가모집기간 전에 정시모집 등록을 포기한 자는 추가모집에 지원이 가능합니다(산업대학, 전문대학의 경우 정시모집 등록을 포기하지 않아도 추가모집 지원 가능).

4. 수능최저학력기준이란 무엇인가요?

수시모집에서 주로 사용되며 대학에서 제시한 일정 수준의 수능성적을 얻어야 최종합격을 할 수 있는 기준입니다. 즉 수시모집에서 해당 전형에 수능최저학력기준이 포함되어 있다면 모든 조건을 충족하고 우수한 평가를 받았다 하더라도 수능성적이 그 기준에 미달되면 탈락합니다. 예를 들어 수시에서 학생부 100%로 선발하고, 최저학력기준을 수능 4개 영역 중 2개 영역 이상 2등급이라고 지정했다면 학생부 성적을 통해 조건부 합격자가 되어도 수능성적이 최저학력기준을 충족하지 못하면 불합격하게 됩니다. 수능최저학력기준은 학생부교과전형, 학생부종합전형, 논술전형 등 수시 전략에서 가장 중요한 요소 중 하나입니다. 대부분의 수시지원 전략에서 수능 학습 계획을 세울 때 가장 먼저 고려해야 할 사항입니다. 각 대학의 수능최저학력기준을 미리 알고 전략을 세워야 합니다.

5. 영어 영역 점수 체계는 어떻게 되나요?

영어 영역 성적은 원점수에 따른 절대평가제로 등급만 제공합니다. 영어 영역의 만점은 100점이며, 1등급과 2등급의 분할점수인 90점을 기준으로 10점씩 낮아집니다.

영어 영역 등급 분할 원점수

등급	1	2	3	4	5	6	7	8	9
분할기준 (원점수)	100~90	89~80	79~70	69~60	59~50	49~40	39~30	29~20	19~0

6. 한국사 영역 점수 체계는 어떻게 되나요?

한국사 영역 성적은 원점수에 따른 절대평가제로, 등급만 제공합니다. 한국사 영역의 만점은 50점이며, 1등급과 2등급의 분할점수인 40점을 기준으로 5점씩 낮아집니다.

한국사 영역 등급 분할 원점수

등급	1	2	3	4	5	6	7	8	9
분할기준 (원점수)	50~40	39~35	34~30	29~25	24~20	19~15	14~10	9~5	4~0

7. 수능 등급(국어·수학·탐구) 체계는 어떻게 되나요?

한국사 및 영어 이외 영역의 등급 체계는 석차 9등급(백분위 기준)으로 구분합니다. 고등학교 내신등급도 석차 9등급제로 구분합니다.

석차 9등급제 등급별 비율표

등급	1	2	3	4	5	6	7	8	9
기준 비율(%)	4	7	12	17	20	17	12	7	4
누적 비율(%)	4	11	23	40	60	77	89	96	100

확 바뀐 학생부종합전형

학교생활기록부를 장악하라

Q1

학교생활기록부의 기재 내용이
대폭 변경된다고 하는데요

교육부의 학생부 간소화를 위한 「학교생활기록부 작성 및 관리지침」에 따르면 학생부 신뢰성·공정성 제고 방안의 주요 내용은 과도한 경쟁 및 사교육 유발요소 항목 등 정비, 학교 내 정규교육과정 교육활동 중심 기록, 기재 격차 완화 및 기재·관리 책무성 제고로 요약할 수 있습니다. 또한 학생 개인의 능력이나 성취가 아닌 부모 배경, 사교육 등 외부요인이 대입에 미치는 영향이 차단되도록 학생부 기재가 개선됩니다. 이에 따라 개선된 사항 중 주요 사안은 다음과 같습니다.

우선 인적사항의 학부모 정보 및 특기사항은 삭제되고, 인적사항과 학적사항은 통합됩니다. 진로희망사항은 항목이 삭제되며, 학생의 '진로희망사항'은 '창의적 체험활동상황' 중 진로활동 특기사항에 기재되나 상급학교에는 제공되지 않아 대입전형 자료로는 쓰이지 않습니다. '수상경력'의 경우 수상경력을 모두 기재하되, 상급학교에 제공하는 수상경력 개수는 학기당 1개로 제한(2022~2023학년도 대입)을 둡니다. 자격증 및 인증 취득상황도 대입자료로 제공하지 않습니다. 자율동아리활동 기재도 학년당 1개만 기재하고 동아리명, 동아리에 대한 간략한 설명을 30자 이내로만 기재할 수 있습니다. 봉사활동은 특기사항 없이 실적만 기재할 수 있게 되었습니다. 사회적 이슈가 되었던 소논문(R&E) 활동도 학생부 모든 항목에 기재할 수 없습니다. 2024학년도 대입부터는 수상경력, 자율동아리, 독서 활동은 반영되지 않습니다.

2024학년도부터는 학생부 기재항목이 축소되고 정규교육과정 외의 비교과활동은 대입에서 반영을 폐지합니다.

청소년단체활동도 학교 밖 청소년단체는 기재할 수 없으며 학교 스포츠클럽활동도 기재가 간소화되어 구체적 활동은 기재할 수 없고, 정규교육과정 내에서는 개인 특성 중심으로, 정규교육과정 외에서는 클럽명(시간)만 기재할 수 있습니다. 방과후 학교도 활동(수강) 내용을 기재할 수 없습니다.

셀프 학생부는 위법입니다.

학생부의 관리도 더욱 엄격해졌습니다. 교사가 학생으로부터 기재할 내용을 제출받아 기재하는 소위 셀프 학생부나 학부모가 교사에게 사교육기관의 컨설팅 자료를 제공하며 학생부의 기재 및 수정을 요구하는 것 등은 위법행위로 명시되었습니다. 교사가 허위사실을 기재하는 것 또한 학생성적 비위로 간주합니다.

학생부 주요 항목 개선 현황

구분		현재 고3~고2 (2022~23학년도 대입)	현재 고1 (2024학년도 대입)
① 교과활동		• 과목당 500자 • 방과후 학교 활동(수강) 내용 미기재₩	• 과목당 500자 • 방과후 학교 활동(수강) 내용 미기재 • 영재·발명 교육 실적 대입 미반영
② 종합의견		• 연간 500자	• 연간 500자
③ 비교과영역	자율활동	• 연간 500자	• 연간 500자
	동아리 활동	• 연간 500자 • 자율동아리는 연간 1개(30자)만 기재 • 청소년단체활동은 단체명만 기재 • 소논문 기재 금지	• 연간 500자 • 자율동아리 대입 미반영 • 청소년단체활동 미기재 • 소논문 기재 금지

	봉사활동	• 연간 500자
		• 특기사항 미기재
		• 교내·외 봉사활동 실적 기재
			• 연간 500자
			• 특기사항 미기재
			• 개인봉사활동 실적 대입 미반영
			  단, 학교교육계획에 따라 교사가
			  지도한 실적은 대입 반영

	진로활동	• 연간 700자 • 진로희망분야 대입 미반영	• 연간 700자 • 진로희망 분야 대입 미반영
	수상경력	• 교내수상 학기당 1건만 (3년간 6건) 대입 반영	• 대입 미반영
	독서활동	• 도서명과 저자	• 대입 미반영

※ (미기재) 학생부에서 삭제, (미반영) 학생부에는 기재하되, 대입자료로 미전송.
주) 학년 표기는 2021년도 기준임.

학교생활기록부 기록의 많고 적음에 따라 평가에 차이가 있나요?

"학교생활기록부에 기재된 내용은 양보다는 질적으로 우수한 것이 더 좋습니다. 학교생활기록부의 양이 많은 경우, 오히려 학생이 자기주도적으로 참여한 활동이나 중점적으로 드러내고자 하는 활동들이 복잡한 기록들 속에서 잘 드러나지 않을 가능성이 있습니다. 꼭 필요한 사항만 기재하여 평가자의 집중력을 높이는 것도 좋은 방법입니다. 장단점을 과감하게 기록하는 것이 오히려 좋은 결과를 받을 수가 있습니다(한국대학교육협의회)."

위에서 이야기하는 것을 있는 그대로 받아들이면 안 됩니다. 물론 학생부 기록은 양보다는 질적으로 우수한 것이 더 좋습니다. 그렇다고 양적인 것을 무시해서는 안 됩니다. 내용이 없는데 양만 많다고 합격하는 경우는 없지만, 합격자 학생부의 공통점은 양이 많다는 겁니다. 입학사정관의 말에 의하면 예전에는 교과세특을 안 쓴 경우나 지나치게 양이 적은 경우에는 내용도 보지 않고 1차에서 탈락시켰다고 합니다. 물론 상투적인 표현이나 미사여구를 남발하며 의미 없이 분량만 늘리는 경우에는 높은 평가를 받을 수 없습니다. 교사 지침사항에 과목세특의 경우 특별한 사항이 없을 경우 기록하지 않아도 된다고 기재되어 있습니다. 하지만 교과세특에 쓸거리조차 없는 학생을 뽑는 학교는 없습니다.

학생부는 양과 질 모두가 중요합니다. 앞으로는 양이 제한되어 있어 간결하면서도 압축적으로 임팩트 있게 쓰는 것이 더 중요해졌습니다.

지나치게 솔직한 표현, 단점, 겸손한 표현은 학생에게 치명적일 수 있습니다. 학생의 장점은 부각시켜도 다 믿지 않습니다만 단점은 그대로 믿습니다. 뛰어난 점, 자랑할 만한 점만 써도 부족합니다. 학종은 보통학생이나 무난한 학생을 뽑는 제도가 아닙니다. 높은 경쟁률을 뚫어야 하는 상대적인 경쟁입니다. 특히 기록의 간소화 정책으로 제한된 글자 수 내에서 얼마나 더 압축적으로 임팩트 있게 쓰느냐의 싸움입니다. 교사의 의견을 기술하는 부분에서 학교별, 교사별 수준 차이가 클 수 있다는 점이 학종의 신뢰도를 떨어뜨리는 요인이 되는 것입니다.

Q3
학교생활기록부 항목 중
가장 중요하게 보는 것은 무엇인가요?

"학교생활기록부를 평가할 때는 평가요소와 관련하여 집중적으로 해석을 하게 되는 요소가 있을 수는 있지만, 어느 요소가 더 중요하고 덜 중요한지에 대한 단선적인 판단을 하지는 않습니다. 결국 학생부종합전형 평가는 종합적 평가이기 때문에 학교생활기록부 항목 모두가 중요한 독자적 의미를 지닌다고 할 수 있습니다(6개 대학 입학사정관)."

실제로 그럴까요? 학교생활기록부를 평가할 때 어떤 항목이 가장 중요하게 평가되는지에 대한 질문을 듣곤 합니다. 입학사정관이기 때문에 의례적인 답변을 할 수밖에 없다는 것을 알아야 합니다. 실제로 가장 중요하게 판단하는 부분이 있습니다.

교과학습발달사항, 세부능력 및 특기사항이 가장 중요합니다.

가장 중요하게 판단하는 부분은 교과학습발달사항, 세부능력 및 특기사항입니다. 대학은 학업역량, 전공적합성, 인성, 발전가능성의 4가지 평가요소 가운데 학업역량을 가장 중요하게 판단하기 때문입니다. 대학들은 각 평가요소마다 자체 비중을 부여하고 있습니다. 예를 들어[6] 한국외국어대학교는 학업역량(30%), 전공적합성(30%), 인성(20%), 발전가능성(20%)입니다. 하지만 이러한 비율마저도 다소 형식적입니다. 실제 비중은 학업역량의 비율이 압도적입니다. 더 나아가 학업역량 중 교과학습발달사항과 세부능력 및 특기사항은 학업역량뿐 아니라 전공적합성, 학교생활 성실도 등도 판단할 수 있기 때문에 가장 중요하게 평가합니다. 학종에서도 학교 내신과 수업태도가 가장 중요하다고 강조하는 이유입니다. 특히 입학사정관들은 세부능력 및 특기사항을 세심하게 보며 학생의 수업 참여 태도와 노력, 학습에 의한 변화와 성장, 개별적 특성 등을 판단하게 됩니다.

---

6 김병욱(2019). 학생부종합전형 어떻게 준비해야 하나? 토론회 자료집.

Q4

세부능력 및 특기사항이
왜 중요하나요?

세부능력 및 특기사항(약칭 세특)은 학생부 전체에서 가장 중요하다고 생각하면 됩니다. 입학사정관이 가장 꼼꼼하게 보는 부분이기도 합니다. 학생의 학업능력, 태도, 의지를 볼 수 있고 우수성을 가장 정확하게 판단할 수 있는 요소이기 때문입니다. 학생기록부관리지침에 따르면 세특은 특별한 사항이 있는 경우에만 기재하도록 되어 있습니다. 따라서 과거에는 성적이 우수한 학생들에게만 써주곤 했습니다. 그러므로 일단 이 부분을 알차게 쓰지 못하면 학종으로 합격하기 어렵다고 생각해야 합니다.

앞으로는 모든 학생의 교과 세부능력 및 특기사항을 기재하도록 합니다.

"세부능력 및 특기사항에서 무엇을 중요하게 평가하고 어떤 평가요소와 연결할 수 있을까요? 평가자는 세부능력 및 특기사항을 통해 학업역량, 전공적합성, 인성, 발전가능성의 평가요소를 모두 확인할 수 있습니다. 세부능력 및 특기사항에는 과목별 성취기준의 특성, 학습 활동 참여도, 태도, 능력 등 학생을 이해할 수 있는 많은 내용이 담겨 있기 때문입니다. 자신이 처한 교육환경 속에서 스스로 배움을 확장시켜 나간 모습, 토론이나 실험·과제수행·집단학습 등을 통해 창의성이나 자기주도성 등을 발전시킨 사례를 세부능력 및 특기사항에서 자세히 볼 수 있습니다. 특히 수업과 과제수행 과정에서 보여준 주도적인 노력, 열의와 관심, 성취수준, 다양한 탐구 방법의 모색과 같이 의미 있는 지적 성취의 모습 등도 확인할 수 있습니다.

세부능력 및 특기사항을 평가할 때 평가자는 학교생활기록부의 여러 항목을 연계하여 평가합니다. 예를 들어 수학 교과성적이 우수하다면 세부능력 및 특기사항에서 수학 시간에 보인 학생의 구체적인 태도, 수업활동과 연계된 의미와 가치를 평가합니다. 독서의 의미를 평가할 때에도 교과활동에서 활용된 부분이 있었는지, 독서의 내용이 수업에 어떠한 영향을 주었는지에 대해서 세부능력 및 특기사항을 통해 확인할 수 있습니다(6개 대학 입학사정관)."

위의 내용은 그대로 믿어도 좋습니다.

세부능력 및 특기사항은 학생의 개별적 특성을 잘 나타내어 주는, 학생부에서도 가장 중요한 평가영역이라는 사실을 항상 기억하고 있어야 합니다. 세부능력 및 특기사항은 교과선생님 혹은 담임선생님이 기록합니다. 기록을 꼼꼼하게 챙겨야 합니다. 가령 도서명과 지은이는 독서활동상황에 기록하더라도 독서를 하며 느낀 내용 등은 관련 교과와 연계하여 세특에 넣도록 해야 합니다.

Q5

서류평가요소와
반영비율이 궁금해요

서류평가요소와 기준은 대학별로 다를 수 있습니다. 각 대학의 서류평가요소와 기준을 정확하게 알기 위해서는 해당 대학의 모집요강을 참고하는 것이 좋습니다. 보통 "대학에서는 평가요소 중에 어느 것이 가장 중요합니까?"라고 물으면 "다 중요합니다."라고 말합니다. 또한 "어떤 방식으로 평가합니까?"라고 물으면 "종합적으로."라고 대답합니다. 학종의 특성이 그런 점이 있기는 하지만 항상 두루뭉술하게만 이야기합니다.

서류평가 반영비율이 가장 큰 부분은 학업역량입니다.

팩트는 이렇습니다.

가장 중요한 부분은 학업역량입니다. 이것은 모든 대학이 동일할 겁니다. 대학에서는 학업능력이 가장 우수한 학생을 뽑으려 하니 당연한 것이죠. 대학에서는 평가요소별 반영비율은 공개하지 않습니다. 다음 표는 서울시립대 반영비율을 나타낸 겁니다. 표에서는 30%를 반영한다고 하지만 실제로는 그것보다 훨씬 높습니다. 가령 인성의 경우에는 20%로 상대적으로 낮지만 점수 폭은 훨씬 더 작습니다. 기본점수를 많이 부여하는 것이죠. 가장 논란이 되는 부분이 전공적합성입니다. "지원하는 전공이 바뀔 경우 불이익이 없습니까?"라는 질문에 각 대학은 이

학생부종합전형 서류평가기준[7] 및 반영비율(예)

평가요소	반영비율	세부평가항목
학업역량	30%	학업성취도
		학업태도와 학업의지
		탐구활동
전공적합성	30%	전공 관련 교과목 이수 및 성취도
		전공에 대한 관심과 이해
		전공 관련 활동과 경험
인성	20%	협업능력
		나눔과 배려
		소통능력
		도덕성
		성실성
발전가능성	20%	자기주도성
		경험의 다양성
		리더십
		창의적 문제해결력

주) 반영비율은 서울시립대 사례, 각 대학마다 다르고 대외적으로 공개 안 함.

---

7 6개 대학(건국대, 경희대, 서울여대, 연세대, 중앙대, 한국외대)이 고교교육 기여 대학 지원사업에서 수행한 공동연구 「대입전형 표준화방안 연구」(2018)를 통하여 제시한 학생부종합전형 공통 평가요소 및 평가항목을 중심으로 기술함.

구동성으로 "진로는 다양한 경험을 하는 과정에서 얼마든지 바뀔 수 있고 그에 따른 불이익은 없습니다."라고 이야기합니다.

반만 믿으면 됩니다. 새로 바꾼 전공이 다른 학생들보다 훨씬 더 경쟁력이 있을 때만 바꿔야 합니다. 일관되게 전공을 위해 노력해온 사람과 중간에 바꾼 사람 중 실력이 비슷하다면 누굴 뽑겠습니까? 가끔 전공을 바꾼 학생이 뽑히는 사례를 봅니다. 그 학생은 전공을 위해 노력한 학생과 비슷한 경우가 아니라 훨씬 우수한 학생일 겁니다. 모든 대학에서 변치 않는 기준은 '학업능력의 우수성'입니다. 학업 역량이 가장 중요한 이유가 되기도 하는 것이죠.

6개 대학 입학사정관들은 "하나의 평가요소는 세부평가항목들을 종합적으로 고려하여 평가됩니다. 입학사정관들은 위의 평가요소 및 평가항목들을 준거로 하여 학교생활기록부와 자기소개서를 연계하여 종합적으로 평가하며, 교과·비교과 활동의 준비과정 및 노력, 이를 통한 성장 등을 중심으로 평가합니다."라고 말합니다.

Q6

~ 학교 간, 교사 간 기록의 차이 때문에
불이익을 당할 수 있지 않나요? ~

학종은 정성적 평가이기 때문에 학교 간, 교사 간 기록의 차이가 있을 수밖에 없습니다. 공정성과 신뢰성 문제를 안고 가는 이유입니다. 대학에서는 다양한 방법으로 이 문제를 해결하고 있다고 홍보하지만 솔직하지 못한 모습입니다. 학종의 한계일 수도 있습니다. 학교 간, 교사 간 차이는 다양한 학술적 연구에서도 학종의 문제점으로 지적되는 부분입니다.

서류평가를 할 때 입학사정관들은 제공되는 서류만 보고 평가를 할 수밖에 없기 때문에 학교생활기록부의 좋은 기록이 좋은 평가를 받을 가능성이 많은 것은 사실입니다.

관찰력이 뛰어나고 학생의 장점을 잘 파악하는 선생님, 학생부를 좀 더 잘 디자인하기 위해 연구하고 노력하는 선생님들이 있는 반면에 감정 기복이 있거나 학생의 의미있는 활동에 관심이 없는 무성의한 태도로 일관하는 선생님, 심지어는 학생들을 부정적으로 보고 그러한 내용을 학생부에 기재하는 경우도 있습니다. 그러한 상황에 놓인 학생들은 구제받을 수 있는 방법도 거의 없고 그냥 자신의 운을 탓해야 하는 경우가 대부분입니다.

학교 간, 교사 간 학생부 기록의 차이가 있습니다.

학교에 따라서도 차이가 큽니다. 학교 차원에서 컨설팅을 받거나 교사들이 학습 연구 모임을 조직하여 학생들에게 도서를 추천해준다거나 좋은 사례들을 공유하는 것이 시스템화되어 있는 경우도 있습니다. 또한 학종에 조예가 깊거나 성과를 내려고 하는 교장선생님이나 진학담당 부장이 있는 학교들은 확실하게 성과를 냅니다. 자사고나 특목고, 소위 지역 명문학교가 이러한 노력을 기울입니다. 이런 학교들은 수능시험을 위주로 하는 정시보다 학종으로 대학을 보내는 경우가 압도적으로 많습니다. '학종은 학교 간 싸움이다.'라는 이야기가 나오는 이유이기도 합니다.

이러한 경우에 학생의 입장에서 할 수 있는 방법은 교과선생님이나 담임선생님과 좋은 관계를 유지하는 것이 최선입니다. 열심히, 성실하게 생활하는 경우 대개는 긍정적으로 평가를 해주기 때문입니다. 본인의 활동 중 의미있는 것들을 기록하여 선생님들이 빠뜨린 사항을 보완하는 것도 하나의 방법입니다. 요즘은 학부모회나 학교운영위원회 차원에서도 학종 성과를 내기 위해 학교에 건의를 하거나 개선을 요구하는 경우도 많습니다.

Q7

학교생활기록부도
표절 여부를 확인하나요?

"학교생활기록부 평가를 하면서 만약 사실관계에 심각한 문제가 있다고 판단이 들면 실사를 나갈 수 있습니다. 실제 현장에 나가 직접 실사를 진행하기도 하고 전화로 진위 여부에 대한 실사를 하는 경우도 있습니다. 학교생활기록부 기록의 진위 여부는 여러 자료를 종합적으로 검토해서 판단하고, 의심의 여지가 있는 경우에는 면접 과정에서 다시 한번 확인하는 절차를 거친다고 할 수 있습니다(6개 대학 입학사정관)."

위 말은 믿지 않아도 됩니다. 학교생활기록부는 표절 여부를 걱정하지 않아도 됩니다. 학생부 유사도 검사 시스템은 없습니다. 학생부 평가는 고등학교 3년간의 기록이고 각 학년별 교과선생님, 담임선생님들의 견해가 담긴 총체적 기록입니다. 이 학생부 기록에 대한 신뢰가 밑바탕이 되지 못하는 경우에는 심사 자체가 이루어질 수 없습니다.

2021학년도부터 기재금지 사항 검증이 강화됩니다.

학생부 표절 여부는 확인하지 못하더라도 합격을 좌우할 만큼 중요한 사항의 경우 사실 여부를 확인할 수는 있습니다만 이것 역시 전화로 진위 여부를 묻거나 실사를 나가는 것이 아니라 면접 때 확인 질문을 하는 경우가 대부분입니다. 대학의 입학사정관 숫자는 절대적으로 부족하여 실제 지원자 1명당 학생기록부 평가에 소요할 수 있는 시간은 물리적으로 30분 이내라고 합니다. 다면평가, 다단계 평가 등 요란스럽게 홍보하지만 형식적 요건만 갖추고 있을 뿐 내 학생부가 그렇게 평가된다고 생각하면 너무 순진한 생각입니다. 다만 2021학년도부터는 기재금지 사항 검증 강화 및 불이익 조치가 더욱 철저하게 이루어집니다.

학교생활기록부는 학년별로
중요도의 차이가 있나요?

"학교생활기록부의 3학년 1학기에 작성된 내용은 어떻게 평가하나요?"라는 질문에 입학사정관들은 "학생부종합전형은 고등학교 생활 전반에 대한 평가이기 때문에 3개년간의 기록을 모두 동일한 비중으로 평가를 하게 됩니다. 3학년 때의 기록이 평가의 비중으로 보았을 때 낮다 높다를 논할 수는 없습니다(6개 대학 입학사정관)."라고 말합니다.

이는 사실이 아닙니다. 지원자들의 학교생활기록부를 볼 때 아쉬운 점은 대개 똑같은 비중으로 내실 있게 채워지지 않고 학년별 편차가 큰 경우가 많다는 것입니다. 실제 학종을 잘 준비하는 친구들도 고1 1학기에는 첫 시험과 동아리활동, 수행평가 등 학교생활에 적응하는 데 정신없어 학생부 관리가 소홀한 경우가 많습니다. 반면에 3학년 1학기 활동이 집중적으로 부각되어 있는 경우가 많습니다.

학생부의 진정성을 의심할 수 있는 부분입니다. 가장 집중하여 공부해야 할 시기에 각종 활동상황이 뛰어나다면 부풀려 기록했다고 의심할 수밖에 없습니다. 대학 입학사정관들은 이러한 상황을 너무 잘 알고 있습니다. 특히 이러한 문제점은 '과목별 세부능력 및 특기사항'이나 '독서활동상황'에서 많이 나타납니다.

학년별 중요도는 2학년 1학기→2학년 2학기→1학년 2학기→3학년 1학기→1학년 1학기 순입니다.

한국대학교육협의회나 대학에 "학년별 중요도의 차이가 있다고 말할 수 있을까요?"라고 묻는다면 정해진 답을 할 수밖에 없습니다. 군이 학년별 평가에 있어서 중요도를 따지자면 2학년 1학기→2학년 2학기→1학년 2학기→3학년 1학기→1학년 1학기 정도라고 할 수 있죠. 하지만 학생의 입장에서 가장 중요한 학기는 1학년 1학기라고 할 수 있습니다. 다른 학생들이 정신없어서 학생부 관리가 잘 안될 때 좀 더 꼼꼼하게 관리해 놓으면 부각이 될 것입니다. 더군다나 1학년 1학기부터 학생부에 대한 관리 개념이 있는 친구들은 그러한 감각을 계속 유지하게 되어 다른 친구들보다 앞서나가게 됩니다.

그러나 무엇보다도 중요한 학종 합격의 법칙이 있습니다. 학종은 거의 완벽한 학생들을 요구한다는 겁니다. 한 학기라도 소홀한 친구는 그만큼 합격에서 멀어집니다. 학종을 지원했다가 떨어지는 학생들은 타이밍의 중요성을 인지하지 못하고 뒷북치는 경우가 대부분입니다.

학교생활기록부 기재가 간소화되면
평가의 신뢰성에 문제가 있지 않을까요?

학생부종합전형의 핵심 평가자료인 학교생활기록부 기재 방식이 간소화됩니다. 대입에 제공되는 수상경력의 개수를 학기당 1개로 제한하고, 진로희망사항 항목을 삭제하며, 기재되는 자율동아리를 학년 당 1개로 합니다. 소논문 활동은 학교생활기록부에서 모든 항목에 기재하지 않으며, 교과 세부능력 및 특기사항(일명 교과세특)에 기재하던 방과후 학교 활동도 기재할 수 없습니다. 학교 스포츠클럽활동도 클럽 이름, 활동 시간, 출전 경력 등 과도하게 기재되던 특기사항을 학생의 개별 특성을 중심으로 기재하도록 간소화하고, 학교 밖 청소년단체 활동도 기재하지 않습니다. 봉사활동 특기사항은 삭제하되 봉사활동 실적은 현행대로 입력합니다. 행동특성 및 종합의견의 기재 분량도 500자로 축소되었습니다. 2024학년도 대입부터는 수상경력, 자율동아리, 독서활동은 반영되지 않습니다.

당연히 문제가 있습니다. 오랜 경력의 전문입학사정관들도 실제 평가에서 어려움을 호소하고 변별력에 문제가 있음을 인정합니다. 평가자료가 줄어들면서 평가의 변별력과 객관성에 비판을 받고 신뢰도까지 의심받게 되는 겁니다. 특히 수상경력이나 동아리활동의 개수를 제한한 것은 변별력 확보에 심각한 요인이 되고 있습니다. 다방면에 대한 활동, 통합적 사고를 강조하면서도 입시 행정은 역행하는 겁니다. 고교등급제로 의심받고 있는 출신학교나 고교유형별 차별이 심화될 수도 있습니다. 그동안 학교 간의 상이나 동아리 개수의 문제, 교사 간 기재 편차 문제 등은 고교프로파일을 통해 검증이 가능하다고 홍보해 놓고 이제는 과도한 경쟁 및 사교육 유발요소를 정비한다는 것이죠. 전국적으로 각 학교에서 주는 상의 전체 개수에 상한선을 둔다든가 하면 되는데, 한쪽에서 불만을 제기하면 그냥 쉽게 그 부분만 해결하려는 행정편의주의 때문이라고 생각됩니다. 다른 부분에서는 역할을 못하여 평가요소가 기형이 되는데도 말이죠.

학업성적과 교과 세부능력 및 특기사항이 더욱 중요해졌습니다.

그럼 어떻게 대응해야 하나요?

학업성적과 교과 세부능력 및 특기사항이 더욱 중요해졌습니다. 평가자 입장에서는 평가자료가 과거보다 줄어들었기 때문에 실제 평가에서 어려움을 겪을 수밖에 없고, 기존에도 가장 신뢰했던 내신성적과 교과 세부능력 및 특기사항에 더욱 주목할 수밖에 없습니다. 또한 기재되는 수상 개수가 1개뿐이니 다양한 경시대회에 참가하는 것보다 1~2개에 집중하여 수상하는 전략을 구사해야 하냐는 질문을 많이 받습니다. 대부분의 입시전문가라는 사람들이 이런 방향으로 유도하기도 합니다. 하지만 생각을 바꾸어야 합니다. 예를 들어 수상실적에는 얼마나 많은 수상을 했는가, 얼마나 질 높은 수상을 했는가 2가지 요소가 다 중요합니다. 대학에서는 기재사항이 바뀌었다 하더라도 이 2가지를 모두 만족시키는 사람을 선택합니다. 기존과 같이 다양한 경시대회 등에 참가하고 다양한 역량을 보여주어야 합니다. 여기에 특별한 것을 추가로 요구하고 있다고 생각하면 좋습니다. 무엇보다도 중요한 것은 그러한 대회 참가 시도나 활동 등을 관련 과목의 세부능력 및 특기사항에 녹여 넣어 차별화된 모습을 보여주어야 한다는 것입니다.

Q10
학업역량은 어떤 기준으로
심사하나요?

　학업역량은 '고교 과정의 학업을 폭넓게 수행하고, 대학 입학 후 학업을 제대로 수행할 수 있는 능력'을 말합니다. 학업역량이 학생부에서 가장 중요하다는 것에는 누구도 이의를 제기하지 않습니다. 지원자의 학업역량을 판단하는 교과학습 발달상황은 이수과목, 석차등급 등을 기록하는 부분과 '세부능력 및 특기사항'으로 구분됩니다. 교과, 과목, 단위수, 원점수/과목평균, 석차등급 등은 시험 결과를 나타냅니다. 대개 이 부분만을 중요하게 여기는 경우가 많습니다. 하지만 가장 중요한 부분은 '세부능력 및 특기사항'입니다.

　학업역량의 평가항목은 ▲학업성취도 ▲학업태도와 학업의지 ▲탐구활동 등으로 나뉘고 이에 따른 항목별 세부평가내용이 있습니다.

'학업성취도'는 교과목의 석차등급이나 원점수(평균/표준편차)를 활용해 산정한 학업능력지표와 교과목 이수 현황 등을 기반으로 평가한 교과의 성취수준이나 학업적 발전 정도를 의미합니다. 학업성취도는 지원자의 학업역량을 평가하는 주요 지표이지만 학업역량 외에 전공적합성, 발전가능성 등을 판단하는 가장 중요한 평가지표이기도 합니다.

'학업태도와 학업의지'는 학업을 수행하고 학습을 해나가는 자발적인 의지와 태도, 학습자가 스스로 학습 목표를 설정하고 적절한 학습 전략을 선택하여 계획을 수립하고 실행하는 과정을 말합니다. 입학사정관들은 학업태도와 학업의지에서 특히 자기주도성을 중요하게 생각합니다. 각종 교내대회 참여도와 노력의 과정, 동아리활동이나 자율활동, 진로활동 등에서 보이는 진취성과 적극적이고 능동적으로 배우려는 자세, 다양한 독서활동을 통해 드러나는 지적인 관심사와 호기심 등을 통해 자기주도적 학업역량을 판단합니다.

'탐구활동'은 어떤 대상에 대해 호기심을 가지고, 깊고 폭넓게 탐구할 수 있는 능력입니다. 다음 표는 학업역량 평가항목에 따른 세부평가지표를 나타낸 것입니다.

학업역량 평가지표

평가항목	세부평가지표
학업성취도	• 전체적인 교과성적은 다른 지원자들에 비해 어느 정도인가? • 학기별/학년별 성적은 고르게 유지되고 있는가? • 학기별/학년별 성적은 상승/하락하고 있는가? • 대학 수학에 필요한 기본과목(국어 수학 영어 사회/과학 등) 성적은 어느 정도인가? 그 외 과목 성적은 전반적으로 무난한가? 유난히 소홀함을 보인 과목은 없는가? • 희망 전공과 관련된 기본과목은 어느 정도 이수했는가? • 희망 전공과 관련해 도전적인 과제나 과목을 이수하기 위해 어떤 노력을 했는가? • 희망 전공과 관련된 과목과 다른 과목의 성적 차이는 어느 정도인가? • 과목별 이수자 수의 규모는 어느 정도인가? • 과목별 득점 외에 원점수(평균/표준편차 포함)는 적절한가?
학업태도와 학업의지	• 새로운 지식을 획득하기 위해 자기주도적인 태도로 노력하고 있는가? • 자발적인 성취동기와 목표의식을 가지고 넓고 깊게 학습하려는 의지와 열정이 있는가? • 교과활동을 통해 지식의 폭을 확장하고 새로운 것을 창출하려는 노력을 하고 있는가? • 교과수업에서 적극적이고 집중력이 있으며 스스로 참여하고 이해하려는 태도와 열정을 보이는가?
탐구활동	• 교과에서 이뤄지고 있는 탐구활동에 적극적으로 참여하고 있는가? • 각종 교과 탐구활동을 통해 창의적인 결과물을 산출하고 있는가? • 탐구활동에서 표출되는 학문에 대한 열의와 지적 관심을 가지고 있는가? • 성공적인 학업생활을 위해 적극적인 탐구 의지와 호기심을 가지고 있는가?

출처: 건국대학교 외, 대입전형 표준화 방안 연구

학교생활기록부 내용을 학생이 써준 대로 기록하는 학교들이 있다는데 사실인가요?

학교생활부 내용을 학생이 써준 대로 기록하는 학교들이 있다는 것은 사실입니다. 이것은 몇몇 학교나 교사에만 해당하는 것이 아니라 전국적으로 광범위하게 이루어지고 있는 내용입니다. 자사고/특목고에서는 오래전부터 일상적으로 벌어지고 있었고, 사립고와 일반 국공립학교에서도 내신성적이 좋은 학생들은 대부분 학생이 써준 것을 그대로 기재해주는 것이 일반적입니다. 사설 학원을 통해 내용이 마련되기도 하죠. 이러한 상황은 학종에 대한 정부나 대학의 연구(건국대학교외, 2019; 경기도교육연구원, 2017; 차정민, 2016)에서도 잘 나타나 있습니다.

2020년 3월부터는 학생부 신고센터가 운영됩니다.

이러한 관행은 학종 초기에 실적을 높이고자 몇몇 고등학교에서 전문 컨설팅을 받으며 시작되었습니다. 학교 차원에서 조금만 관리를 해주면 학생부가 훨씬 좋아지거든요. 학종이 학교 간의 싸움이라는 말이 이런 것에서 시작되었습니다. 스터디 플래너, 자기주도학습장 등 다양한 이름으로 아예 학교 차원에서 기록하게 하고 이것을 제출하여 기록하는 편법을 쓰기도 합니다.

기재될 내용을 학생이 작성하여 제출하는 행위는 위법입니다.

학교생활기록부의 법적근거에 따라 교육부(2020)에서 발행하는 「2020학년도 학교생활기록부 기재 요령」의 학교생활기록부 작성 시 유의사항에 의하면 '학교생활기록부 서술형 항목에 기재될 내용을 학생에게 작성하여 제출하도록 하는 행위 금지'를 명시하고 있음에도 대부분의 고등학교에서 관행처럼 굳어져 시행하고 있습니다. 사실 이는 우리 학생들을 범죄자로 만드는 일이며, 이런 문제로 오히려 법을 지키는 학생들이 피해를 보고 있는 실정입니다. 법적인 조치와 해결 방안이 필요한 상황입니다. 2020년도부터는 학생부 신고센터가 운영되며 고교 교원 책무성 강화를 이야기하지만 실효성에는 의문이 있습니다.

학생부의 잘못된 기록이나
누락된 것은 정정이 가능한가요?

학종에서 가장 중요한 것 중 하나는 타이밍과 기록입니다. 어떤 전형을 준비하건 학생부를 꼼꼼하게 챙기는 것은 기본 중의 기본입니다. 실제로 많은 학부모님이나 학생들이 경험을 통해 이것이 중요하다는 것을 나중에 알게 되는데, 알고 나면 이미 시기를 놓치게 됩니다. 대학에서는 기록에서의 실수나 누락을 인정해주지 않습니다. 이미 기재된 것도 전적으로 다 믿어주지 않고 어느 정도는 과장되었을 거라는 것을 전제로 평가합니다. 학교생활기록부 정정 기간이 있습니다. 1학기 정정 기간은 여름방학, 2학기 정정 기간은 겨울방학입니다. 보통 담임선생님이 공지를 하는데 학생들은 허투루 듣는 경우가 많습니다.

학교생활기록 작성 및 관리지침 [시행 2020. 9. 28.]

제19조(자료의 정정) ① 학교의 학년도는 「초·중등교육법」 제24조(수업 등)에 따라 3월 1일부터 시작하여 다음 해 2월 말일까지로 하며, 매 학년이 종료된 이후에는 당해 학년도 이전의 학교생활기록부 입력 자료에 대한 정정은 원칙적으로 금지한다.

② 제1항의 규정에도 불구하고, 객관적인 증빙자료가 있는 경우에만 정정이 가능하며, 정정 시에는 반드시 정정내용에 관한 증빙자료를 첨부하여 정정의 사유, 정정내용 등에 대하여 학교 학업성적관리위원회의 심의 절차를 거친 후 학교생활기록부 정정 대장의 결재 절차에 따라 정정 사항의 발견 학년도 담임교사가 정정 처리해야 한다.

방학 동안에 있는 학교생활기록부 정정 기간이 학생부 점검의 중요한 시기라는 것을 명심해야 합니다.

예를 들어 독서활동상황은 '독서활동상황' 란에 본인이 읽은 책의 제목과 지은이를 기재합니다. 이와 더불어 교과담당선생님들이 교과 '세부능력 및 특기사항'에 기록하도록 하여야 합니다. 하지만 본인이 독서한 것조차 꼼꼼하게 챙기지 못해 실제 읽은 것보다 적게 기재하는 경우가 많습니다. 교과목 선생님들은 많은 학생들을 일일이 챙길 수가 없습니다. 또한 기록하는 선생님에 따라 표현 방법이 다르기 때문에 대학에서 보기에 부정적인 표현으로 오해하는 경우도 있습니다. '개인 플레이에서 두각을 보인다.'라거나 '자기주장이 강하다.'라는 애매한 표현도 있고 선생님과의 관계가 좋지 않아 표현이 부정적인 뉘앙스로 기재되는 경우도 있습니다. 이런 것을 최소한 학생부 정정 기간에 해결해야 하는데, 잘못하여 후회하는 경우를 많이 봅니다. 특히 학년이 바뀐 상태에서는 정정이 매우 어렵고 절차도 까다롭습니다. 본인 것은 본인이 챙기고 책임져야 합니다.

Q13

전공적합성은 어떤 방식으로
평가하나요?

"전공적합성은 지원자의 전공에 대한 관심과 열정, 대학 진학 후 전공을 수행할 수 있는 기초적인 학업능력, 전공 이해도 및 적성, 전공 관련 진로탐색활동 경험, 학업 및 진로계획의 타당성 등을 종합적으로 검토하여 평가합니다(한국대학교육협의회)."

'전공적합성'을 독립적인 평가요소로 분류하여 배점을 부여하는 대학들이 있으며, 몇몇 대학에서는 전공적합성을 학업역량이나 발전가능성 내의 세부평가항목으로 구분하기도 합니다. 전공적합성의 평가항목은 전공 관련 교과목 이수 및 성취도, 전공에 대한 관심과 이해, 전공 관련 활동과 경험 3가지가 일반적입니다.

전공적합성 평가항목 및 평가요소

평가항목	세부평가요소
전공 관련 교과목 이수 및 성취도	• 지원 전공(계열)과 관련된 과목을 어느 정도 이수했는가? • 지원 전공과 관련해 스스로 선택해 수강한 과목은 얼마나 되는가? • 지원 전공과 관련된 교과성적이 우수한가?(이수단위, 수강자 수, 원점수, 평균, 표준편차 참고)
전공에 대한 관심과 이해	• 지원 전공에 대한 흥미와 관심을 가지고 있는가? • 지원 전공에 대해 올바르게 이해하고 있는가? • 자신의 경험과 지원 전공의 연관성을 설명할 수 있는가?
전공 관련 활동과 경험	• 지원 전공에 관련된 교과 관련 활동(세부능력 및 특기사항, 수상 등)이 있는가? • 지원 전공에 관련된 창의적 체험활동(자율/동아리/봉사/진로)이 있는가? • 지원 전공에 관련된 독서가 있는가, 적절한 수준인가?

출처: 건국대학교 외, 대입전형 표준화 방안 연구

다음은 6개 대학 입학사정관이 제시한 예시입니다. "전공적합성'은 자기소개서와 학교생활기록부의 수상경력, 진로희망사항, 창의적 체험활동상황, 교과학습발달상황, 독서활동상황, 행동특성 및 종합의견 등의 내용으로 평가할 수 있습니다. 전공적합성을 평가할 때에는 학교생활기록부에서 교과목 이수 및 성취도를 확인하여 '전공 관련한 교과목의 이수 정도와 수준'을 파악하고, '해당 과목의 세부능력 및 특기사항의 내용으로 수업에서의 참여와 이해 정도'를 파악합니다. 그리고 자기소개서에서 학생이 자신의 경험을 지원 전공과 연계하여 어떻게 설명하고 있는지를 확인합니다. 학생의 전공 관련한 활동과 경험은 수업시간 중 참여한 활동, 수행평가, 창의적 체험활동, 독서 등으로 다양하게 나타날 수 있으며 지원자가 자기소개서에 기술한 내용을 학교생활기록부를 근거로 하여 평가합니다."

특히 대학은 학종 서류평가에서 '전공 관련 이수과목'을 중요한 평가요소로 활용하고 있습니다. 입학사정관들은 학종 입학 결정을 위해 가장 중요하게 고려하는 평가요소로 '학생부의 지원학과 관련 교과성적'을 꼽았습니다[8]. 하지만 "전공 관련 교과성적이 낮은데 전공적합성에서 나쁜 평가를 받나요?"라고 질문하면 대학의 공식적인 입장은 "꼭 그렇지는 않습니다. 전공에 대한 관심과 이해, 전공 관련 활동 등을 종합적이고 정성적으로 평가합니다."라고 말하며 학생과 학부모에게 솔직하지 못합니다. 믿으면 안 됩니다.

---

8 경희대 입학전형연구센터에서 실시한 '전국 대학 입학사정관 사례 공유 워크숍'에 참석한 입학사정관 212명 대상 설문조사 결과임.

Q14

전공이 바뀌면
불리한가요?

입학사정관들은 "진로는 다양한 경험을 하는 과정에서 얼마든지 바뀔 수 있는 사항입니다. 특히 고등학교 시기는 진로를 탐색하고 설계하는 성장 과정의 시기이기 때문에 진로 변경이 잦을 수 있으며, 입학사정관들은 이러한 특성을 고려하고 있습니다. 자신의 진로가 변경되었다고 하더라도 구체적인 이유나 동기를 충분히 설명할 수 있고, 진로 변경 이후 새로운 진로와 관련한 활동이나 노력 과정을 잘 보여줄 수 있다면 좋은 평가를 받을 수 있습니다(한국대학교육협의회)."라고 원론적인 입장을 말하곤 합니다.

그러나 질문에 대한 답을 한마디로 하자면 "많이 불리하다."입니다. 한국대학교육협의회나 대학의 홍보와 달리 전공이 바뀌면 불리합니다. 학종의 대표적인 문제점 중의 하나는 전공을 선택하거나 자기소개서를 작성할 때 솔직한 학생이 손해를 보는 구조라는 겁니다. 학생들의 꿈과 진로는 고등학교 생활 속에서 몇 번이든 바뀔 수 있고 바뀌어야 하는 것이 자연스러운 현상입니다. 하지만 대학은 '전공적합성'이란 평가항목을 두고 전공을 위해 노력한 과정을 평가하고자 합니다. 지원하려는 전공 관련 과목의 교과성적이 좋지 않으면 치명적인 평가를 받습니다. 그러면서도 대학에 상담을 하면 "진로희망이 바뀌었을 경우 변화하게 된 과정 혹은 타당한 사유를 창의적 체험활동의 진로활동 특기사항, 행동특성 및 종합의견, 자기소개서에 설득력 있게 제시해준다면 긍정적인 평가를 받을 수 있습니다(6개 대학 입학사정관)."라고 말합니다. 학교생활기록부나 자기소개서의 제한된 글자 수를 그 바뀐 과정을 변명하는 데 써버리면 정작 자신의 장점을 부각시키고자 하는 시도를 하기는 매우 어려운 구조입니다.

학종에서는 전공이 바뀌면 불리합니다.

입학사정관은 지원자 하나하나의 속사정을 자세하게 들어줄 만큼 한가하지 않습니다. 경쟁률도 높아 지원자도 많으니 꾸준하게 전공 관련 활동을 하고 전공 관련 교과성적이 우수한 지원자를 택하게 되는 겁니다.

그러면서 홍보나 안내 책자에는 실제로 처음에 생각했던 전공을 바꿔 지원한 학생의 합격 수기를 공개합니다. 어떤 비밀이 숨겨져 있는 걸까요? 대학에서는 전공과 관련해 꾸준하게 노력해온 학생보다는 '우수한 학업역량'을 갖춘 학생을 더 높게 평가하는 것입니다. '우수한 학업역량'이야말로 대학 평가자들이 가장 절대시하는 요소라는 것을 명심하면 쉽게 이해할 수 있습니다. 비슷한 능력을 가진 학생이라면 전공이 바뀐 것이 실제 서류 심사에서 불리할 수밖에 없습니다. 학종에서는 자기가 원하는 전공보다는 교과목 성적이 좋고 수상실적이나 눈에 띄는 전공 관련 활동을 한 쪽으로 어쩔 수 없이 전공을 바꾸는 경우가 많습니다. 실제로 그렇게 바꾼 경우가 결과가 더 좋게 나온다고 보면 됩니다.

발전가능성은 어떤 기준으로
평가하는지 알려주세요

학종의 평가요소인 학업역량, 전공적합성, 인성, 발전가능성 중에서 가장 중요한 것을 학업역량으로 생각하는 것에는 이견이 없어 보입니다. 전공적합성은 오히려 평가요소가 단순하여 어렵지 않습니다. 대학 입학사정관이나 교수들은 '발전가능성' 항목이 학종의 진정한 취지에 부합한다고 말합니다. '발전가능성'은 현재의 상황이나 수준보다 질적으로 더 높은 단계로 향상될 가능성을 의미합니다. 지원자의 학교생활 전반에 대해 평가하고 그것을 기반으로 대학에서의 수학능력을 예측하는 것입니다.

성적을 판단할 때에도 성적의 변화 추이를 살피는 것은 대학 입학 후의 발전가능성을 예측하려는 것입니다. 성적이 꾸준히 상승한 학생의 경우 대학 입학 후에도 학업능력이 꾸준히 상승할 것이라 예측하고 그 가능성을 탐색하는 것입니다.

발전가능성 평가항목 및 평가 세부 기준

평가항목	평가 세부 기준
자기주도성	스스로 목표를 설정하고 적절한 전략을 선택하여 계획을 수립하고 실행하는 성향
경험의 다양성	학교 교육의 다양한 영역에서 직접 겪거나 활동하면서 얻은 성장과정 및 결과
리더십	공동체의 목표 달성을 위해 구성원의 화합과 단결을 이끌어가는 역량
창의적 문제해결력	창조적이고 논리적인 사고로 문제를 해결하는 능력

출처: 건국대학교 외, 학생부종합전형 101가지 이야기

즉 등급의 단순한 하락과 상승만으로 평가하는 것이 아니라 지원자의 교육환경이나 지원자가 지닌 다른 역량과 종합하여 평가에 반영합니다. 비록 성적은 낮지만 수준 높은 심화과목이나 전문교과를 이수한 경우에도 학업태도나 열정, 창의적 문제해결력, 자기주도성 등을 인정하기도 하는 겁니다. 개별 학교에서 개설하기 어려운 과목을 공동교육과정 등으로 이수한 경우에도 과목을 선택하여 수강하게 된 동기나 자기주도적인 탐색과정 등을 확인하여 발전가능성으로 평가할 수 있습니다. 뿐만 아니라 다양한 영역에서 직접 겪거나 활동하면서 얻은 성장과정 및 결과를 보거나 구성원의 화합과 단결을 이끌어가는 역량을 통해서 발전가능성을 보기도 합니다. 고등학교 생활에서 단지 높은 성적을 위하여 쉬운 길을 택하는 것보다 어려운 과정을 적극적으로 개척할 필요가 있음을 일깨워주는 대목입니다.

발전가능성은 '자기주도성'을 높이 평가합니다.

특히 대학은 발전가능성의 여러 영역 중에서 '자기주도성'을 높이 평가합니다. "예를 들어, 수상경력을 통해 교과지식의 활용과 학업의지의 자기주도성을 살펴

볼 수 있으며, 교과 세부능력 및 특기사항을 통해 자기주도적인 학습을 수행한 내용을 살펴볼 수 있습니다. 독서활동을 통해 자기주도적인 탐색과정을 확인할 수 있으며, 행동특성 및 종합의견을 통해 종합적으로 판단할 수 있습니다. 동아리활동의 경우에도 기존의 활동 프로그램을 답습하지 않고 새롭게 동아리활동 과제를 제안하거나 활동이 성공적으로 이루어질 수 있도록 자신의 역할에 적극적으로 임할 수도 있습니다. 이러한 경험과 그것을 통해서 배우고 느낀 점을 제시할 수 있다면 지원자의 자기주도성을 평가하는 데 반영될 것입니다(6개 대학 입학사정관)."라는 발표를 통해 알 수 있습니다.

Q16

인성은 어떤 기준으로
평가하나요?

　"인성은 '공동체의 일원으로서 필요한 바람직한 사고와 행동'을 의미합니다. 인성은 타고난 성격이나 기질을 평가하는 것이 아닙니다. 개인의 성장과 발전 측면에서 지능이나 학업성취도 같은 인지적 특성의 역량보다 끈기, 성실성, 인간관계, 책임감, 자기조절 등과 같은 비인지적 요인의 영향이 더 크기 때문에 정성적으로 평가합니다(학생부종합전형 101가지 이야기)."

　단순하게 봉사활동에서만이 아니라 학교에서의 각종 활동을 성실하게 수행하거나 모임 내에서 협력하고 본인의 환경을 개선하고 기여한 점을 나타내어 인성을 강조할 수도 있습니다.

　인성은 평가요소로서는 사범대, 교대 등 교원양성기관을 제외하고는 반영비율이 낮고 점수 폭이 크지 않습니다. 학종에서 인성을 파악할 수 있는 '행동특성 및

인성 평가요소 및 세부평가항목

평가요소	세부평가항목
협업능력	공동체의 목표를 달성하기 위하여 상호 신뢰를 바탕으로 함께 돕고 함께 생활할 수 있는 역량
나눔과 배려	상대방을 존중하고 이해하여 원만한 관계를 형성하며, 타인을 위하여 기꺼이 나누어주고자 하는 태도와 행동
소통능력	상대방의 의견을 경청하고 공감할 수 있으며, 자신의 정보와 생각을 효과적으로 전달할 수 있는 역량
도덕성	공동체의 기본 윤리와 원칙에 따라 행동하고, 부정 또는 부당한 행동을 하지 않는 태도
성실성	책임감을 바탕으로 꾸준히 노력하여 자신의 의무를 다하는 태도와 행동

출처: 건국대학교 외. 학생부종합전형 101가지 이야기

종합능력은 거의 칭찬 일색입니다. 하지만 여기에서 조금이라도 부정적인 뉘앙스가 있는 표현은 때로 치명적일 수 있습니다. 입학사정관은 긍정적인 평가는 있는 그대로 믿지 않지만 부정적인 평가는 그대로 믿는다는 것을 알아야 합니다.

인성 영역도 학업역량 등의 우수성을 바탕으로 인성이 드러나도록 해야 합니다.

학생부의 인성 영역에서도 명심해야 할 것은 본인의 학업역량 등의 우수성을 바탕으로 인성이 드러나도록 해야 한다는 것입니다. 입학사정관은 의외의 영역에서 지원자의 우수성을 찾는 것에 익숙하고 또 찾으려 노력합니다. 예를 들면 단순한 돌봄 봉사보다는 뛰어난 어학 실력을 바탕으로 통역 봉사를 한 경우를 더 높이 평가한다는 것입니다. 친구들에게 배식 봉사를 하는 것보다는 지원자의 뛰어난 학업역량을 바탕으로 급우들에게 지식과 경험을 공유하고 스터디 그룹을 이끌면서 지도하는 역할을 하는 등 개인의 우수성이 드러날 때 더 좋은 평가를 합니다.

Q17

학교생활기록부에서 독서활동상황은 비중이 어느 정도인가요?

　대학에 따라 독서의 비중을 크게 여기는 대학은 있는 반면에 독서 비중을 경시하는 경우는 절대 없다는 것을 알아야 합니다. 또한 학교생활기록부 내용 전체 중에서 '교과학습발달상황'과 '세부능력 및 특기사항' 다음으로 중요한 비중을 차지한다고 봐도 됩니다. 학생부종합전형 초기에는 대학에서나 고등학교에서 '독서활동상황'의 비중을 매우 크게 여겼던 적이 있습니다. 이때 독서활동상황을 전문적으로 준비해주는 학원도 많이 생겼지요. 정부에서는 사교육비 절감이라는 원칙 하에 도서명과 저자만 기록하도록 기재사항을 바꿨습니다. 따라서 많은 분들이 독서활동상황의 비중이 줄었다고 생각해요. 여기에 상당히 중요한 포인트가 있습니다. 대학에서는 이제야 독서활동상황을 제대로 평가할 수 있다고 판단하는 거죠. 실제 독서활동을 제대로 한 사람 중심으로 기록될 것이라 보는 겁니다. 독서활동상황이 교과학습발달상황과 세부능력 및 특기사항 다음으로 중요한 비중을 차지한다고 봅니다.

학생부종합전형의 가장 중심축은 독서활동상황입니다.

건국대학교, 경희대학교, 연세대학교, 이화여자대학교, 중앙대학교, 한국외국어
대학교 공동연구[9]에서는 독서활동의 중요성을 다음과 같이 이야기합니다.

"독서활동은 학생들의 자율적인 활동으로 채워 가는 공간으로 지원자의 관심
분야, 지적 호기심, 자기주도성, 논리적 사고력 등을 확인할 수 있는 영역입니다.
단순히 독서의 양이 많다고 긍정적인 평가를 받는 것도 아니고 전공과 직접적으
로 관련된 것만을 요구하는 것도 아닙니다. 독서활동은 자아를 발전시키고 지식
의 세계를 확장시켜 가는 경험이라 할 수 있습니다. 독서활동에는 이러한 탐색의
과정이 나타나는 것이 중요합니다. 따라서 독서활동을 통해 확인할 수 있는 평가
근거를 타 영역에서 확인할 수 있도록 해야 합니다. 그렇기 때문에 자신의 관심사,
지원 분야, 학습 경험의 깊이를 보여줄 수 있는 독서활동을 다양하게 하는 것이 필
요합니다. 독서는 교과학습에서 충족되지 못한 지적 호기심을 채우고 교과학습
내에서 학생의 주도적인 학습을 가능하게 하는 수단이 될 수 있고, 이를 통해 학생
의 성장가능성을 알 수 있습니다. 독서활동을 통해서 평가자들이 얻고자 하는 정
보는 전공과 관련하여 어떤 노력과 관심을 가지고 있는지, 이 학생이 지니고 있는
포괄적인 학업역량의 수준이 어느 정도인지, 학생이 한 독서활동으로 미루어 짐작
할 수 있는 발전가능성은 어떠한지 등의 내용일 것입니다. 자기주도적 학업역량이

---

9 건국대학교 외, 학생부종합전형 101가지 이야기

뛰어난 학생이거나 지적 호기심이 충만한 학생이라면 학업을 해나가는 데 있어서 궁금증을 해결하거나 심화된 내용을 이해하기 위해서 꾸준하게 독서를 하였을 것이고, 평가자는 이를 통해 평가요소와 관련된 심화된 정보를 얻을 수 있을 것입니다."

Q18

학교생활기록부에서 우선적으로
챙겨야 하는 영역이 있나요?

　학교생활기록부를 평가할 때 어떤 항목이 가장 중요하게 평가되는지와 어떤 것을 우선적으로 챙겨야 하는지에 대한 질문을 받곤 합니다. 입학사정관들의 대답은 거의 비슷합니다. 모든 항목, 모든 영역이 다 중요하다고 말합니다.

　"기본적으로 학교생활기록부는 각각의 항목별로 독자적인 의미를 지니고 있기 때문에 어떤 항목이 덜 중요하다거나 더 중요하다는 의미를 부여하기는 어렵습니다. 학교생활기록부의 모든 항목이 다 중요하고 의미 있는 평가요소가 될 수 있습니다(6개 대학 입학사정관)."

　모든 영역, 모든 항목을 다 챙기면 좋겠지만 매 학기 시작 때나 학기를 마무리한 후 학생부 정정 기간에 우선적으로 챙겨야 할 것 4가지를 알려드리자면 다음과 같습니다.

내신성적과 세부능력 및 특기사항을 우선적으로 챙겨야 합니다.

첫째, 교과학습발달상황의 내신성적과 세부능력 및 특기사항을 우선적으로 챙겨야 합니다. 학생부종합전형에서도 가장 중요한 것은 교과성적입니다. '세부능력 및 특기사항'은 특기할 만한 사항이 있는 과목 및 학생에 대하여 과목별 성취기준에 따른 성취수준의 특성 및 학습 활동 참여도 등을 문장으로 교과담당교사가 입력합니다. 수행평가 내용, 수업 중 발표, 과제 제출을 비롯하여 개인별·교과별 독서활동상황, 대회 수상과 관련한 내용(공식적으로는 교과세특에 기재하지 못하게 되어 있음)을 구체적 사례와 함께 학업역량이 돋보이도록 넣어야 합니다.

둘째, '수상경력'이 중요합니다. 수상경력을 통해 학업 성취능력과 전공적합성, 인성, 발전가능성 등 모든 분야가 평가될 수 있습니다. 수상경력 항목에 기록되는 상은 학교별로 사전 등록이 된 교내상만 입력할 수 있으므로 학기 초에 학교에서 어떤 교내대회가 열리는지 일정을 꼼꼼하게 파악해 두고 본인의 전공과 관련한 대회 참가 계획을 세워야 합니다. 전공과 관련해 어떤 특징적인 역량이 있는지를 보여주는 요소입니다. 또한 2022~2023학년도에는 대입에 제공되는 수상경력의 개수가 학기당 1개로 제한됨에 따라 많은 양의 수상보다는 수상의 질이 중요해졌습니다.

수상경력, 독서활동, 동아리활동은 학년마다 반영 방법이 다릅니다.

셋째, 독서활동상황입니다. 학종을 체계적으로 준비하는 학교에서는 교과별 교사연구모임 등을 통해 독서목록 등을 제시해주기도 합니다. 기본적으로 각 교과 선생님들께 추천을 받는 것이 좋습니다. 독서는 학과 수업과의 연계나 발전 선상에서 하는 것이 좋기 때문입니다. 독서활동상황이 타이밍을 놓치지 않고 꼭 기록되도록 해야 합니다.

넷째, 동아리활동입니다. 희망 전공에 대한 열정, 전공과 관련된 심화활동, 활동 과정에서 친구들과의 협동 등을 통해 전공적합성, 인성, 발전가능성까지 다양하게 녹여낼 수 있고 자기소개서의 가장 폭넓은 소재로 쓰이기도 합니다. 특히 자율 동아리의 경우 전공적합성을 나타낼 수 있는 훌륭한 도구입니다. 동아리활동은 개수가 중요한 것이 아니라 하나의 동아리활동을 하더라도 의미 있는 경험을 하는 것이 중요합니다. 2020학년도 대입제도 개편안에서 학교생활기록부 기재 개선 사항에 따라 2022~2023학년도에는 자율동아리 기재 개수를 학년당 1개로 제한하고, 동아리명과 동아리 소개만 기재하는 것으로 변경되었습니다.

학교생활기록부 영역별 입력 가능
최대 글자 수를 알려주세요

학교생활기록부는 각 영역별 입력 가능 글자 수가 제한되어 있습니다. 따라서 입력하는 사람의 능력에 따라 편차가 큽니다. 글자 수가 줄어듦에 따라 상투적인 칭찬이 아니라 학생의 능력을 알 수 있도록 하는 구체적 사례나 정교한 표현이 더욱 필요합니다. 글자 수를 참조하여 본인의 의견이 반영되도록(사실 학생부 내용을 제출하는 것은 공식적으로 불법임) 해야 합니다.

학교생활기록부 입력 가능 최대 글자 수(교육정보시스템, 2020)

영역	세부항목	최대 글자 수 (한글 기준)	비고
1. 인적사항	학생 성명	20자	영문 60자
	학부모 성명	15자	영문 55자
	주소	300자	
	특기사항	500자	

영역	세부항목	최대 글자 수 (한글 기준)	비고
2. 학적사항	특기사항	500자	
3. 출결상황	특기사항	500자	
4. 수상경력	수상명	100자	
	참가대상(참가인원)	25자	
5. 자격증 및 인증 취득상황	명칭 또는 종류	100자	고등학교만 해당
6. 진로희망사항*	희망사유	200자	
7. 창의적 체험활동상황*	자율활동 특기사항	500자	
	동아리활동 특기사항	500자	
	봉사활동 특기사항	–	
	진로활동 특기사항	700자	
	봉사활동 실적 활동 내용	250자	
8. 자유학기활동*	진로탐색활동 특기사항	1,000자	중학교만 해당
	주제선택활동 특기사항	1,000자	
	예술·체육활동 특기사항	1,000자	
	동아리활동 특기사항	1,000자	
9. 교과학습발달상황*	일반과목 세부능력 및 특기사항	과목별 500자	고등학교 전문교과 Ⅱ 능력단위별 500자
	체육·예술과목 세부능력 및 특기사항	과목별 500자	고등학교는 일반선택 과목에 한함
	개인별 세부능력 및 특기사항	500자	
	개인별 특기사항	500자	2019학년도 2·3학년에 한함
10. 독서활동상황*	공통	500자	
	과목별	250자	
11. 행동특성 및 종합의견*	행동특성 및 종합의견	500자	

출처: 교육부(2020), 학교생활기록부 기재 요령
★최대 글자 수 기준은 학년 단위임.
※진로희망사항은 삭제 예정임.
※2019학년도 중·고등학교 1학년부터 '개인별 세부능력 및 특기사항'과 '개인별 특기사항'은 '개인별 세부능력 및 특기사항'으로 통합됨(각 500자 → 통합 500자).
※교육정보시스템에서 입력 글자의 단위는 Byte이며, 한글 1자는 3Byte, 영문·숫자 1자는 1Byte, 엔터(Enter)는 2Byte임.

전공 관련 내신성적이 낮은 편인데
괜찮을까요?

"전공 관련 교과목의 석차등급만으로 전공적합성을 평가하는 것은 아닙니다. 성취도가 낮다 하더라도 입학사정관은 학교생활기록부의 다른 기록을 통해 성취도뿐만 아니라 '전공에 대한 관심과 이해', '전공 관련 활동과 경험'을 종합하여 전공적합성을 평가합니다. 그렇기 때문에 전공 관련 성취도 이외에 본인이 강조하고자 하는 전공 관련 탐색 경험을 자기소개서에 표현할 필요가 있습니다(6개 대학 입학사정관)."

대학의 이러한 설명을 믿으면 안 됩니다.

전공적합성 평가에서 전공 관련 교과목의 이수 및 성취도는 전공적합성의 핵심 평가항목입니다. 입학사정관들이 가장 눈여겨보는 것입니다. 지원하려는 전공 관련 교과목의 성적만 좋다고 무조건 좋은 평가를 받는 것은 아닙니다. 하지만 관련 교과목 성적이 낮은 경우에는 치명적일 수 있습니다. 보통 본인이 지원하는 학과와 관련된 과목은 좋아하기도 하고 성적도 좋습니다. 또 별로 좋아하지는 않지만 성적이 좋은 경우에도 오랫동안 심혈을 기울여 준비해온 것처럼 포장하여 지원합니다. 따라서 대개는 다른 교과목은 몰라도 지원하려는 학과와 관련된 교과목 성적은 모두가 우수하다고 보면 됩니다. 학종은 1~2가지 영역에서 우수하다고 합격가능성이 높은 것이 아니지만 1~2가지 결점이 있을 때는 거의 어렵다고 보아야 합니다. 하물며 그 1~2가지가 대학에서 요구하는 가장 중요한 요소일 경우에는 더 말할 나위가 없습니다. 전공적합성을 묻는 입학사정관들의 설문에서 가장 중요한 평가요소로 삼은 것이 전공 관련 교과목 성적이었다는 것을 명심해야 합니다.

전공 관련 내신이 낮아도 된다는 말은 믿으면 안 됩니다.

그럼 "전공 관련 교과목 성적이 낮으면 본인이 하고 싶은 전공을 무조건 포기해야 하는 것인가?"라는 질문이 있겠죠? 예외가 있습니다. 대학에서 전공적합성보다 더 절대시하는 것이 '우수한 학업역량'입니다. 다른 지원자들에 비해 전공 관련 교과목 성적이 다소 미흡하더라도 다른 평가요소에서 학업역량이 절대적으로 우수하다는 것을 보여주면 가능합니다. 비슷한 능력의 지원자들 속에서 전공 관련 교과목 성적까지 낮으면 자기소개서 등에서 아무리 설득하려 해도 어렵다는 것을 알아야 합니다.

확 바뀐 학생부종합전형 전략
이것이 핵심이다

Q1

학생부종합전형을 언제부터 준비해야 하나요?

　중학교 때 학종에 대한 개념이 정립되어 있어야 합니다. 특목고 학생들은 이미 특목고 입시를 통해 한 번 경험한 것이 큰 힘이 되죠. 학교생활기록부에 관심을 가지고 학생부를 어떻게 설계해야 할지 계획을 세우게 됩니다. 자기소개서를 써보면 가령 진로나 동아리, 독서활동 등이 부족했던 것을 알게 됩니다. 그러한 경험을 바탕으로 모든 것을 미리 신중하게 준비하게 되죠. 학종으로 대학을 갈 수 있는가의 여부는 대개 고1 때 결정됩니다. 그런데 고등학교에 입학하여 적응도 하지 못한 상태에서는 중간고사와 동아리 선정, 각종 행사 등으로 학종에 대한 준비를 체계적으로 하지 못하는 것이 사실입니다.

　사실 학종으로 대학 가기는 쉽지 않습니다. 학종으로 뽑는 대학은 대부분 상위권 대학입니다. 여기에 경쟁률도 높고 각 고등학교에서 대부분 상위권 학생들만 지원한다고 보면 됩니다. 물론 모든 대학에서 학종을 통해 모집하고 있지만 상위권 대학에 들어가고자 한다면 사전에 철저한 준비가 필요합니다. 수능처럼 점차 실력을 키워 치르는 시험이 아닙니다. 1학년부터 3학년 1학기까지 빈틈없이 준비해야 가능하다고 생각하면 됩니다.

학종의 성패 여부는 고1 때 결정됩니다.

특히 1학년 때 결정된다고 하는 이유는 첫째, 고1 1학기 성적에 따라 학교 차원에서 학생부 관리 정도가 다르다고 생각하면 됩니다. 학교 차원에서 관리를 받는 정도가 되어야 학종으로 목표로 하는 과녁을 뚫을 수 있습니다. 둘째, 학종에 대한 정보나 이해도가 낮아 가령 독서활동이나 교과세특을 부실하게 관리했을 때 치명적일 수 있습니다. 대학에서는 학생부 내용이 150%나 200%로 부풀려져 있지 않나를 의심할 뿐 학생 본인의 부주의 등으로 수준 낮게 기재되어 있는 것은 그대로 믿어줍니다. 1학년 때 내신이나 비교과의 한계를 극복하고 2학년 때 성장한 모습도 대학에서는 매우 좋다고 하지만 실제로는 양호한 정도로만 평가한다고 보면 됩니다.

어떤 학생이 학생부종합전형에
적합한가요?

"고등학교 교육과정을 충실히 따르고 있는 학생, 자기주도적이며 주어진 환경 속에서 최선의 노력을 다하고 있는 학생, 타인과의 관계를 원만히 하고자 노력하며 성실함이 돋보이는 학생이라면 누구나 학생부종합전형에 적합한 지원자라고 볼 수 있습니다. 고등학교 기간 동안 열심히 공부하고, 공부 이외의 교육과정에도 적극적으로 참여하며 주위 사람들에게 관심을 기울이고, 자신의 진로를 고민해보고 그것을 위해 주도적으로 노력한다면 학생부종합전형에 적합한 학생이라고 할 수 있습니다(6개 대학 입학사정관)."

물론 틀린 말은 아닙니다. 다 좋은 이야기이고 원칙적인 말입니다. 한마디로 이야기하면 완벽한 인간입니다. 좀 더 현실적으로 이야기하겠습니다. 학종으로 들어갈 수 있는 대학은 대개 서울의 중상위권 대학입니다. 경쟁률도 상당히 높습니다.

학종은 사실 모든 것을 잘해야 들어갈 수 있는 전형입니다.

대개 전문가들은 학종은 모든 것을 잘해야 들어갈 수 있는 전형이라고 이야기합니다.

첫째, 학업성적이 우수해야 합니다. 상위권 대학이나 의치한의 경우에는 1등급 초반대의 성적을 내야 하고, 서울·경기지역 대학은 일반고 기준 3등급까지가 해당된다고 봐야 합니다. 특히 고1 1학기 시험이 중요합니다. 대개는 이 성적이 좋아야 학교에서 신경써서 비교과를 관리해줍니다. 일단 성적이 받쳐줘야 살아남는다고 보면 됩니다.

둘째, 비교과를 탁월하게 준비해야 합니다. 꼼꼼한 학생부 관리는 가장 기본이됩니다. 전공에 대한 고민을 입학 전에 끝내고 전공영역에 맞추어 동아리, 독서, 교내경시대회 등에서 성과를 거두어야 합니다.

셋째, 수능 준비도 철저하게 해야 합니다. 학종을 깜깜이 전형, 로또 전형이라고하지요. 경쟁률이 상당한 데다가 합격에 대한 정확한 기준이 없어 불확실성이 너무 큽니다. 학종을 준비한다는 것은 상위권 대학을 노린다는 것인데 합격률이 떨어지므로 대개 수능을 함께 준비하는 것이 일반적입니다. 물론 수능최저학력기준이 있는 대학에 지원하려면 반드시 일정 정도 이상의 수능성적이 나와야 되고요.

이러한 어려움에도 학종을 선택해야 하는 이유는 상위권 대학 입시에서 학종의비율이 상당히 높다는 것과 잘 준비하면 본인의 실력(수능성적을 기준으로)보다 1~2단계 높은 대학 진학이 가능하다는 것 때문입니다.

Q3
학생부종합전형은 꼭
선택해야 하는 전형인가요?

학생부종합전형을 꼭 선택해야 하는 것은 아닙니다. 본인의 특성에 따라 어떤 전형으로 대학에 진학할 것인가를 설계하는 것이 먼저입니다. 수시모집의 학생부종합전형, 학생부교과전형, 논술위주전형, 실기위주전형 중에 어느 것을 선택할 것인가, 수능을 통한 정시모집으로 갈 것인가 혹은 둘을 합쳐 수시 위주로 전략을 세우면서 수능최저를 맞출 것인가 등을 결정해야 합니다.

문제는 상위권 대학을 목표로 한다면 피할 수 없는 전형이라는 겁니다. 수능을 통한 정시전형은 재수생들과 자사고/특목고에서 내신이 받쳐주지 못하는 학생들의 몫이지 일반고 학생들에게 돌아갈 것은 많지 않습니다. 전체적으로 본다면 입학생 중에 학생부종합전형으로 진학하는 학생은 2022학년도 기준 22.9%입니다. 학생부교과전형으로 진학하는 학생이 42.9%로 훨씬 많습니다. 일반고는 일반고

대로, 특목고는 특목고대로 장점과 단점이 있지요. 최대한 자신에게 유리한 형태로 만들어가야 합니다.

본인의 특성에 따라 어떤 전형으로 대학에 진학할 것인가를 설계해야 합니다.

학생부종합전형이 피할 수 없는 전형이 되는 이유가 있습니다.

먼저 본인의 성적(교과성적, 수능성적)보다 1~2단계 높은 대학에 진학할 가능성이 있기 때문입니다. 교과성적만을 반영하지 않고 지원자가 제출한 학교생활기록부, 자기소개서 등을 바탕으로 학업능력뿐 아니라 학업에 대한 태도, 열정과 발전가능성 등을 종합적으로 평가하기 때문에 교과성적이 좀 낮더라도 비교과활동 등이 강하다면 부족한 성적을 만회할 수 있기 때문입니다.

다음으로 상위권 대학을 고려한다면 이들 대학은 학종으로 뽑는 비율이 매우 크기 때문입니다. 2022학년도 기준 주요 대학[10]의 경우 전체 선발 인원 중 학생부종합전형 35.4%(서울대 69.4%, 고려대 36.3%, 서강대 37.7%, 성균관대와 한양대 36.5%), 학생부교과전형 11.4%, 수능위주전형 37.6% 정도입니다. 학생부교과전형을 실시하는 상위권 대학이 고려대, 한양대, 이화여대, 한국외대, 서울시립대 등으로 한정되고 뽑는 인원도 적을뿐더러 무엇보다 내신성적이 1점대 초반이어야 가능하다고 보면 됩니다. 수능 역시 주로 N수생과 특목고, 자사고에서 내신이 약하여 미리부터 수능을 준비해온 실력자들이어서 경쟁하기가 쉽지 않습니다.

---

10 주요 대학: 서울 소재 상위 15개 대학
출처: 2022학년도 대학입학전형 시행계획(한국대학교육협의회)

학생부종합전형으로 중상위권 대학에 갈 수 있는 내신성적은 어느 정도인가요?

가장 많이 받는 질문입니다. 그 누구도 답을 할 수 없는 질문이죠. 학종은 내신 뿐 아니라 다양한 전형요소를 바탕으로 하기 때문입니다. 질문 자체가 말이 안 되지만 궁금증을 해결하기 위하여 그나마 고등학교를 다양한 방법에 의해 분류 하면 어느 정도까지는 설명이 가능할 수 있겠지요. 우리나라 고등학교는 대개 대 학입학성적 기준에 의해 서열화되어 있습니다. 영재학교, (상위권)과학고, 전국단 위자사고, 외고·국제고, 강남권 자사고, 지역 명문고, 서울·경기지역 일반고 그리 고 가장 낮은 위치가 보통 수준의 지방 일반고입니다. 이들 고등학교는 대개 몇 가지 형태로 분류됩니다. 대입 성적이 우수한 학교는 일반고보다 우선해 실력 있 는 학생들을 먼저 싹쓸이해갑니다. 다른 하나는 부유한 지역의 학교, 그리고 지역 강자를 자처하는 학교 등입니다. 입시 결과도 대개는 이에 준하여 나타나고 대학 에서 학종으로 뽑을 때도 이러한 상황을 고려합니다. 대학에서는 어떻게든 가장

고교 수준에 따른 분류

구분	고등학교	서울대 진학생 수(대략)	중상위권 대학 진학 가능 등급
A그룹	영재학교, (상위권)과학고, (상위권)전국단위자사고, (상위권)외고, (상위권)강남자사고	15명 이상	5등급대
B그룹	(중하위권)과학고, 외고·국제고, 강남권고등학교, 전국지방명문고, (상위권)분당고, (중위권)전국단위자사고	8~15명	4등급대
C그룹	지역명문고, (지방)외고·국제고	3~8명	3등급대
D그룹	수도권 일반고	1~3명	2등급대
E그룹	지방 일반고	0~1명	1등급대

우수한 학생을 선발해야 하기 때문에 대외적으로는 절대 아니라고 하지만 고교 프로파일을 통해 공식적으로 고등학교를 차별화하는 겁니다.

위의 표는 조금 위험한 접근이지만 전략을 수립하는 데 도움이 될까 하여 대략적인 구분을 해봤습니다. 서울지역 중상위권 대학을 진학할 수 있는 대략적인 내신기준을 보면 A그룹은 5등급대, B그룹은 4등급대, C그룹은 3등급대, D그룹은 2등급대, E그룹은 1등급대 정도까지로 보면 될 것 같습니다. 물론 이러한 분류는 설명을 쉽게 하기 위하여 지금까지의 경험을 토대로 필자가 임의로 구분한 것입니다. 즉 "학종으로 서울지역 중상위권 대학에 내신 몇 등급까지 가능한가요?"라는 질문에 대한 대략적인 답변입니다. 본인이 어느 그룹에 속해 있는지 파악한 후에 전반적인 계획을 세워야 합니다. 위의 등급은 본인이 속한 고교에서 최소한의 요건이라고 보면 됩니다.

학생부종합전형에서 내신성적의 영향력은 어느 정도인가요?

학종에 지원할 때 첫 번째 조건은 내신이라 생각하면 됩니다. 대학에서는 여러 가지 평가요소 중 가장 객관적인 자료로 내신성적을 판단합니다. 물론 내신도 출신고교에 따라 다른 기준으로 본다는 것을 전제로 하죠. 첫째도 둘째도 내신관리라는 생각을 해야 합니다. 따라서 학종에서 가장 필수적인 전제조건을 꼽자면 '내신성적 관리'와 '학교생활기록부 관리'일 것입니다. 특히 개정 학생부에서는 교과 활동에 대한 중요성이 더욱 강조됨에 따라 교과와 연계한 활동에 더 많은 고민이 필요합니다. 전공적합성이나 독서, 학업역량, 발전가능성 등 모든 분야를 교과를 중심으로 판단합니다. 내신성적이 좋으면 세부사항 및 특기사항이나 자기소개서, 추천서 등을 신뢰하게 됩니다. 하지만 내신성적이 받쳐주지 않으면 일단 다른 분야의 판단에 신뢰성이 떨어지는 거죠. 일선 고등학교에서도 이러한 상황을 알고 있기 때문에 1학년 1학기 내신을 보고 밀어주기를 하는 겁니다. 실제로 고1 1학기

시험을 망쳐서 학종을 포기했다는 열성 학부모들의 이야기도 있습니다.

모든 신 중에 가장 높은 신은 내신!

학생부교과 5,6등급도 가능성이 있을까요?

평범한 일반고 5,6등급이라면 학생부종합전형은 포기하고 다른 방도를 찾는 것이 좋습니다.

위의 질문에 대한 입학사정관들의 가장 일반적인 답변은 "학생부종합전형은 학생부교과(내신성적), 학생부비교과, 자기소개서, 추천서 등을 종합적으로 평가하기 때문에 내신등급만 가지고 합격가능성을 판단할 수 없습니다."입니다. 이러한 대답은 잘못된 환상을 심어주는 겁니다.

대학들이 입시결과를 발표할 때 내신 5,6등급 학생이 합격했다느니, 심지어는 8등급 학생이 서울 소재 최고의 사립대에 합격했다느니 하는 발표를 듣습니다. 물론 사실이겠지요. 수천 명 중의 한 명일 것입니다. 아주 특이한 경우이지요. 실제 7,8등급의 학생들이 '나도 가능성이 있구나.'라고 생각하는 경우는 거의 없을 것입니다. 문제는 일반고 3,4등급 학생들입니다. 이 학생들은 환상을 갖습니다.

학종이 내신을 포함하여 비교과를 정성적이고 종합적으로 평가하는 입시형태이지만 모든 판단의 중심에는 내신, 더 나아가 교과 세부능력 및 특기사항이 있다는 것을 명심하기 바랍니다. 물론 내신만 좋다고 되는 것도 아닙니다. 지원자의 학교 수준(유형), 지원학과에 따른 과목별 중요도, 과목의 난이도 등 고려사항이 많습니다만 이 모든 것을 포함한 내신이 기본이라는 겁니다. 학종은 모든 것을 잘해야 뚫을 수 있는 전형이자 가장 우수한 지원자끼리의 경쟁입니다.

Q6

학생부종합전형에 유리한 고등학교에 진학하려면 어떻게 해야 하나요?

학종에 유리한 고등학교가 있을까요? 확실히 학종은 복잡한 요인의 결합으로 결정됩니다. 2025년도 자사고/특목고 폐지 정책이 발표되었지만 그때까지 위력은 그대로 발휘될 것입니다. 자사고/특목고와 일반고의 차이는 분명히 있습니다. 지역적 유불리도 있습니다. 학종 합격자 추이를 봐도 다양합니다. 가장 어리석은 것은 "우리 애는 '교과전형' 혹은 '정시'로 갈 거야."라고 미리 결정해버리는 경우입니다. 물론 학년이 올라감에 따라 어쩔 수 없이 정시 전략을 선택하는 경우도 있지만, 실제로 성적이 어느 정도 되고 인서울 정도를 목표로 한다면, 아니 실제로 그보다 부족한 학생들조차 고3 때 학종을 쓰지 않는 경우는 거의 없습니다. 학종을 염두에 두고 고등학교를 진학할 때 고려해야 할 요인에는 어떤 것들이 있을까요?

첫째, 내신성적을 먼저 고려해야 합니다. 일단 학종으로 인서울 중상위권 대학

(중경외시이) 이상을 목표로 한다면 최소 일반고 2등급 이내, 강남·분당 3등급, 특목고 4등급 이내의 내신은 확보[11]할 수 있어야 합니다. 자사고/특목고에서 중상위권 이상이 될 수 있으면 상당히 유리합니다. 물론 이런 학생들은 일반고에 진학하더라도 최상위권 내신을 유지하고 학교에서 내로라하는 프로그램으로 다양한 스펙을 확보할 수 있어 일단 학종에 유리하다고 할 수 있습니다. 고교유형에 따라 교과성적이 부족하더라도 합격자가 많은 자사고/특목고가 학종에 유리하다는 의견이 많고 일견 타당해 보이기도 합니다. 하지만 자사고/특목고가 활발한 비교과활동으로 유리한 점이 있는 반면에 내신을 확보하지 못하여 고전하는 경우도 많습니다. 실제로 영재학교, 과학고, 최상위권 자사고 학생들이 단지 내신을 위하여 해당 학교 내신을 커버해주는 대치동의 전문학원을 다니는 경우도 많습니다. 학종이 낳은 비교육적인 웃픈 이야기입니다.

고교선택은 진학 후 예상 내신성적을 고려해야 합니다.

둘째, 분명 학종에 강한 고등학교가 있습니다. 대학 진학 성적을 분석해 보면 압니다. 최근 2~3년 수시와 정시로 대학에 간 선배들의 분포를 파악합니다. 특히 전체 대학 합격자 중에서 학종으로 진학한 선배들의 분포와 정시로 합격한 선배들의 분포, N수생(반수생, 재수생, 삼수생 등) 합격비율이 얼마나 되는지 파악합니다.

---

11 p.110~111의 PART 3 'Q4 학생부종합전형으로 중상위권 대학에 갈 수 있는 내신성적은 어느 정도인가요?' 참조.

셋째, 고등학교의 교장선생님, 교감선생님, 입학담당선생님의 능력도 학종 결과에 영향을 미칩니다. 학종 전문가들은 학종은 철저하게 학교 간 싸움이라고 합니다. 학종에서 좋은 성과를 거두는 데는 학교장이나 설립자의 교육철학과 열정, 능력이 매우 중요합니다. 특히 진학부장의 능력을 학교 선택의 중요 요소로 여기기도 합니다. 학종은 학생들의 노력만으로는 한계가 있습니다. 다년간의 준비와 노하우, 연구가 필요하고 학교장이나 진학부장 등 구성원들의 능력과 비전은 학교의 진학 실적에 엄청난 영향을 끼칩니다.

넷째, 가장 중요한 것은 본인의 특성을 잘 파악해야 한다는 것입니다. 학교 유형에 따른 유불리보다는 개인적 특성이 더 큰 영향을 미치는 듯싶습니다. 중요한 특성 중 대표적인 것은 실력, 꼼꼼함, 적극성 등입니다. 실제로 가장 중요한 것은 학교의 문제라기보다는 본인의 문제입니다. 학생 자체가 학종과 잘 맞지 않는 경우도 많습니다. 본인의 적성과 진로를 먼저 고려하는 것이 중요합니다. 고교 선택 기준을 대학 입시에 둔다면 이러한 종합적 검토 후에 본인에게 유리한 학교를 선택하면 됩니다.

학년별 학생부종합전형 준비법을 알려주세요

다른 분야도 마찬가지이지만 학종 준비도 타이밍만큼 중요한 것이 없습니다. 일찍 준비하면 사교육 컨설팅 등의 도움 없이도 여유 있게 준비할 수 있습니다. 다음 페이지에 학년별 학종 준비법의 일반적 사항을 제시하였습니다. 학종에 성공한 학생들은 다음에 제시한 것보다 한 학년씩 앞당겨 실천하는 경우도 있습니다. 대체로 중학교 때는 준비단계, 고등학교 때는 실행단계로 나눕니다. 몇 가지 큰 틀이 있습니다. 겨울방학에는 반드시 다음 학년 계획을 하며, 여름과 겨울방학의 학기별 정정 기간에는 독서활동이나 교과세특 등을 정기적으로 점검하여 빠진 것을 보완해야 합니다. 다음 표는 학년별 학종 준비법을 제시한 것입니다. 이것을 토대로 본인의 상황에 맞는 계획서를 작성하도록 합니다.

학년별 학종 준비법

학년	학종 준비법
중2까지	• 학종의 개념 이해하기 • 다양한 독서와 진로 고민하기 • 고교 유형 선택하기, 가고 싶은 고등학교 탐색하기
중3 겨울방학까지	• 자기소개서 작성해보기 • 독서를 통해 전공 이해하기 • 본인에게 유리한 대입전형 알아보기, 입시에 대해 공부하기
중3 겨울방학	• 학종 전략 세우기 • 진학 예정 고등학교 커리큘럼/교육 프로그램 알아보기, 동아리 알아보기 • 대학별 전공 탐색하기
고1	• 전공을 위한 선택과목 설계 • 동아리 선정 및 자율동아리 계획 • 학기별 정정기간 체크 및 빠진 내용 점검 보완 • 독서활동 점검 및 반영 • 다음 학년 학생부 활동 계획
고2	• 정규동아리/자율동아리 선정 및 활동 • 학기별 정정기간 체크 및 빠진 내용 점검 보완 • 독서활동 점검 및 반영 • 다음 학년 학생부 활동 계획
고3	• 대학 제출 최종 학생부 점검 • 학기별 정정기간 체크 및 빠진 내용 점검 보완 • 독서활동 점검 및 반영

Q8

학교가 학생부종합전형을 준비하기에
너무 열악한데 어떻게 해야 하나요?

학종에 대한 각종 연구나 전문가들조차도 학종은 지역별, 학교별 차이가 너무 크다는 이야기를 합니다. 학교 차원에서 학종을 연구하고 다양한 프로그램을 개발하여 각종 교내상을 수여하는 학교들이 있는 반면에 학교 차원에서 전혀 무관심한 곳도 있는 것이 사실입니다. 학생들 입장에서는 차별을 받고 있다고 생각하기도 합니다.

특히 본인의 전공과 관련하여 동아리, 진로체험 등 전공과 직접적으로 관련된 기반이 매우 부족한 경우가 있습니다. 예를 들어 생명과학 전공을 희망하지만 관련 실험 동아리, 실험기구가 부족하거나 심지어 생명과학Ⅱ 과목이 개설되지 않는 경우도 있습니다.

적극적으로 역경을 이겨낸다면 더 큰 성과가 있을 수도 있습니다.

하지만 적극적으로 역경을 이겨낸다면 더 큰 성과가 있을 수도 있습니다. 다른 방법으로 생명과학 심화 교과를 이수하거나 생명과학 교과수업시간에 담당선생님과의 상담 등을 통해 극복하려는 노력을 보일 수도 있습니다. 생명과학 수업이 아니더라도 영어 교과 시간에 생명과학 분야 영문기사를 찾아보거나 윤리 교과 시간에 생명과학 발전에 따른 윤리 문제를 토론해보는 것도 어려운 상황을 극복하기 위한 활동이라고 볼 수 있습니다. 어려운 환경, 기반이 부족한 곳에서 일군 성과는 2배로 평가받는다는 것을 명심하세요. 학종은 어려운 환경을 극복한 과정이나 이를 통해 이룬 성과, 문제점을 적극적으로 해결하기 위해 노력한 부분에 주목합니다. 자기주도성, 창의적 문제해결력, 인성 등에서 오히려 더 높은 평가를 받을 수도 있습니다.

"예를 들어 학교의 프로그램이 우수함에도 불구하고 프로그램을 제대로 활용하지 못한 학생보다는 학교 상황이 열악하지만 자신의 노력으로 이를 극복하고 일정한 성취를 이룬 학생을 더 높게 평가할 수 있습니다. 학생부종합전형에서는 학교가 아니라 학생을 평가하기 때문에 주어진 교육환경을 극복하거나 이를 제대로 활용할 수 있는 학생이 높은 평가를 받을 수 있습니다(6개 대학 입학사정관)."

학생부종합전형으로 대학 갈 수 있는 핵심 노하우를 알려주세요

학종으로 대학 갈 수 있는 핵심 노하우는 특별할 것이 없습니다. 조금만 생각하면 다 알고 있고 누구나 실천 가능한 것들입니다. 사교육 컨설팅도 특별한 것을 알려주지 않습니다. 다음에 제시하는 것과 같은 몇 가지 핵심 사항들을 챙겨주기만 하면 됩니다.

첫째, 일찍 준비해야 합니다. 학종 준비에서 가장 중요한 것은 준비 시기입니다. 미리 준비했던 학생들은 상당한 정도의 성과를 얻어냅니다. 반면에 대부분의 학생은 타이밍을 놓쳐 실패하는 경우가 많습니다. 학종을 미리 알고 있어야 합니다. 중학교 때 특목고 준비를 통해 경험해본 친구들이 확실히 앞서가는 이유입니다. 이 학생들은 학생부를 어떻게 디자인할 것인가를 설계하고, 무엇이 중요한 것인가를 파악하고 있습니다. 고등학교 때는 그야말로 정신을 차릴 수 없을 정도로 바쓰기 때문에 타이밍을 놓쳐 실패하는 경우가 대부분입니다.

둘째, 자신의 진로에 대해 진지하게 고민해 진로를 먼저 결정해야 합니다. 학생부종합전형은 진로에 대한 진지한 고민과 노력을 했는가가 평가항목 중에서도 중요한 요소이고, 이것이 선행되어야 그에 따른 설계가 가능합니다. 막연했던 진로를 구체화시키는 과정에서 다양한 학교생활 중 어떤 활동들을 계획하고 이루어 왔는지를 보여주는 것이 핵심입니다. 따라서 본인의 진로에 대하여 차분히 생각하고 진로에 맞는 전공과 원하는 대학을 결정하는 것이 좋습니다. 그 대학이 어떤 전형을 실시하고 있는지를 알아보아야 합니다. 구체적인 내용을 알기 원한다면 그 대학이 발간한 안내서나 입학처 홈페이지를 면밀하게 검토하는 것이 바람직합니다.

학종은 일찍 준비하고 내신을 먼저 챙겨야 합니다.

셋째, 내신부터 챙겨야 합니다. 첫째도 둘째도 내신관리! 학종의 첫 단추가 내신이라는 것은 두말할 나위 없습니다. 학교생활기록부 항목 중 가장 중요하게 보는 것이라고 생각해도 됩니다. 앞에서도 여러 번 강조[12]했습니다.

넷째, 전공적합성을 가지는 활동들을 꾸준하게 관리해야 합니다. 자신의 진로와 계획에 맞게 주도적으로 활동해야 합니다. 자신의 여건이 되는 한 전공적합성

---

12 p. 112~113의 PART 3 'Q5 학생부종합전형에서 내신성적의 영향력은 어느 정도인가요?' 참조.

을 가질 수 있는 관련 교내대회는 수상실적과 상관없이 최선을 다해 참여하는 것이 좋습니다. 다양한 활동을 통해 그동안 경험하지 못했던 새로운 것들을 배울 수 있으며, 추후에 여러 가지의 선택지 중 가장 우수하고 적합한 활동들을 선택할 수 있다는 장점도 있습니다. 상급학교에 제공할 수 있는 수상경력의 개수가 학기당 1개로 제한되지만 이것에 신경쓰지 말고 자신의 적성과 관심에 맞는 교과 및 비교과 분야에서 적극적이고 주도적인 활동을 해야 합니다.

다섯째, 학생부종합전형을 기록 싸움이라고 합니다. 누가 철저하게 그리고 꾸준히 설득력 있는 표현으로 기록하느냐의 싸움입니다. 기록의 과정을 통해 자신을 되돌아보고 새로운 계획을 세워 성장의 밑거름으로 삼는다면 학종에서 성공할 수 있습니다. 모든 활동은 기록으로 남겨야 합니다. 아무리 뛰어난 성취와 활동을 하였더라도 학생부에 기록되어 있지 않으면 아무런 영향력이 없습니다. 학종에서는 무엇을 평가하든 기록에 남아 있는 것을 바탕으로 평가하기 때문에 평소에 수행하였던 각종 활동을 그때그때 정리하고 기록해 두는 습관이 필요합니다. 반드시 기록장을 가지고 있어야 합니다. 학생부 관리 기록장을 사용하지 않고 좋은 학생부를 만든 경우는 거의 보지 못하였습니다.

마지막으로, 선생님이 러닝메이트가 되어야 합니다. 선생님과 긴밀한 관계를 가져야 합니다. 학종은 남들과 다른 '나만의 스토리'가 필요한데 담임선생님은 각 학생의 개별 스토리를 꼼꼼하게 관찰하고 기록하기가 어렵습니다. 특히 느낌, 변화된 모습 등 나만의 이야기가 학생부에 충분히 작성될 수 있도록 관리해야 하는데, 이때 가장 필요한 존재가 내 옆의 선생님입니다. 수년간 일선 현장에서 수많은 학생들을 지도해온 선생님들은 내가 가장 손쉽게 만날 수 있는 최고의 전문가이자 입시 레이스를 도와줄 러닝메이트입니다. 학교생활에서 일어나는 모든 상황에 대해 끊임없이 소통하고 질문하고 도움을 청해야 합니다. 서로에 대해 관찰하고 이해하면 할수록 내 학생부의 기재 내용이 더욱 멋지게 꾸며질 수 있을 것입니다.

세부능력 및 특기사항을 업그레이드하는
방법을 알려주세요

학생부 전체에서 가장 비중 있는 부분이 교과학습발달상황의 세부능력 및 특기 사항이라는 것에는 이론의 여지가 없고 몇 번 반복하여 말했습니다. 입학사정관 이 가장 관심을 가지고 읽는 것이 교과세특입니다. '세부능력 및 특기사항'란에는 특기할 만한 사항이 있는 과목 및 학생에 대하여 과목별 성취기준에 따른 성취수 준의 특성 및 학습 활동 참여도 등을 문장으로 입력합니다. 우선 모든 교과목에 '특기할 만한 사항'이 있도록 해야 합니다. 다음에 몇 가지 방법을 제시합니다.

첫째, 모든 '수행평가'는 교과세특에 기재될 수 있는 가장 핵심적인 소재 중 하나 입니다. 특정 주제에 대해 발표하거나 보고서를 제출하는 수행평가가 있었다면 수행평가 과정에서 느낀 점이나 독창적이고 우수한 내용을 발표한 후 선생님께 칭 찬받은 상황을 메모하는 것도 좋은 방법입니다. 수행평가 과제 제목을 만들 수

세부능력 및 특기사항 기재 요령

가. '세부능력 및 특기사항'란은 학생참여형 수업 및 수업과 연계된 수행평가 등에서 관찰한 내용을 입력하고, 입력대상 범위는 교육적인 차원을 고려하여 학업성적관리위원회의 심의를 통해 정한다.

※과목별 특기사항은 교과담당교사가 교육정보시스템의 [성적]-[성적처리]-[과목별 세부능력 및 특기사항]에서 학기별로 입력할 수 있으며, 동일 과목에 대해 1학기와 2학기에 내용을 각각 입력하는 경우 교육정보시스템에 '(1학기)', '(2학기)'와 같이 '(학기명)'이 자동으로 입력됨(2학기는 다음 줄에 표기됨).

※교육정보시스템에서 자동으로 과목별로 한 줄씩 띄어 등록됨.

※지필평가와 수행평가 결과를 토대로 과목별 성취기준에 따른 성취수준의 특성 및 참여도·태도 등 특기할 만한 사항을 구체적이고 객관적으로 입력함.

자료: 교육부(2020). 2020 학교생활기록부 기재 요령

있다면 좀 더 멋지게 만들어보는 것도 필요합니다. 학종은 기본적으로 학생부를 잘 디자인하는 것입니다. 그런데 선생님들이 학생들의 독창성이나 우수성, 학생이 개인적으로 기울인 노력을 찾아서 기록하기는 쉽지 않습니다. 이것을 선생님이 알도록 해야 합니다. 명심할 사항은 대부분의 선생님이 하는 것처럼 평범한 칭찬을 하거나 단순하게 관찰한 '태도' 위주의 기록으로는 성과를 얻기 어렵다는 것입니다. 학생의 뛰어난 '학업역량'이 드러나도록 하는 것이 가장 중요합니다.

둘째, 교과세특에 '교과목 학습 내용과 관련한 독서활동 내용을 기록하는 것'은 대학의 평가에 상당히 유리할 것입니다. 독서활동 기재 요령이 바뀌었습니다. 중요한 것은 책 내용 중심으로 나열하는 것이 아니라 수업과의 관련성 및 수업을 넘어선 탐구활동으로 발전시킨 모습을 기록하는 것입니다. 선생님이 수업 중에 관

찰한 모습으로 기록되어야 하니 이 점에 유의해야 합니다. 또한 학생의 탐구활동 중 노력한 내용이나 발전한 모습을 관찰하는 것만으로는 설득력을 얻기가 어렵습니다. 반드시 구체적인 사례나 성과물, 증명할 만한 자료를 제출하여 선생님이 구체적으로 실행할 수 있도록 해야 합니다.

교과세특은 변함없이 가장 비중 있는 영역입니다.

셋째, 뛰어난 '학업역량'을 구체적으로 드러낼 수 있게 해야 합니다. 한 선생님[13]은 다음과 같은 전략을 제시합니다. "입학사정관은 항상 학생의 '학업능력'을 찾고자 한다는 것을 기억해야 합니다. 학종은 지적 성장을 강조하는데 그 내용의 경우 수업으로 인한 긍정적인 변화를 가리키는 듯합니다. 그렇다면 수업 전·중·후를 고려하며 학생의 눈에 띈 변화와 성장을 기술하면 좋겠지요. 학생이 어떤 노력을 어떻게 기울였느냐에 따라 다양한 방식과 내용으로 서술할 수 있을 것입니다. 단 이때도 '결과'에 치중한 기술이 되지 않도록 주의해야 합니다. 모든 학생에게 지적 성장이 일어나지는 않으므로 성장 내용보다 '태도' 위주로 기록되는 경우가 많습니다. 그러나 '태도' 위주의 서술로는 성취도가 높은 학생에게서 찾으려는 것을 드러내지 못하는 경우가 있습니다. 평가자는 학생의 '능력'을 찾고자 합니다. 그러므로 이를 직접적으로 노출하는 것이 도움이 될 것입니다. 이때의 '능력'은 사례에 대한 단순한 나열보다는 평가자가 알아보기 쉽게 특정 역량을 개념화한 것입니다. 예를 들어 '합의된 의견을 도출하는 능력', '밝은 분위기를 조성하는 능력', '지

---

13 '교과세특, 어떻게 적을까' https://brunch.co.kr/@googeo/4

적 탐구 계획을 잘 수립하는 능력', '잘 공감하는 능력' 등과 같이 말이지요. 우수하다는 표현을 하려면 명확한 근거가 있어야 합니다."

넷째, 기록하지 말아야 할 것과 기록을 용인하는 것의 경계를 잘 공략합니다. 교육부의 학교생활기록부 기재 요령과 실제 기재에는 상당한 차이가 있습니다. 교육부에서 하지 말라는 것을 했을 때 큰 성과로 이어지니 고등학교에서는 불법이 만연해 있는 것이 현실입니다. 학생이 기재될 내용을 써내는 것도 사실 불법입니다. 사교육 컨설팅에서 주로 핵심 사항으로 다루는 방법이기도 합니다. 설사 선생님이 조금 과하게 직설적으로 써주었다고 해도 대학이 지원자에게 큰 불이익을 주지 않는 것이 현실이기도 합니다. 이 경계에 있는 대표적인 사례가 주로 수상 내역인데 직접적으로 쓰지 않고 소위 '잘 녹여낸다.'는 표현을 씁니다. 학교에서도 노하우를 공유하고, '이렇게 쓰면 괜찮은가?' 서로 상의도 하고 연구도 합니다.

교과학습발달상황의 '세부능력 및 특기사항'란 입력 불가 항목

다. 교내상은 학교생활기록부 수상경력에만 입력하며, 수상경력 이외의 어떠한 항목에도 입력하지 않는다(창의적 체험활동상황, 교과학습발달상황의 '세부능력 및 특기사항' 및 '특기사항', 자유학기활동상황, 행동특성 및 종합의견 등).

※시상 계획이 있는 각종 교내대회와 행사의 준비과정 및 참가 사실은 학교생활기록부 어떠한 항목에도 입력하지 않음.

※'대회'라는 용어는 수상경력을 제외한 학교생활기록부 어떠한 항목에도 입력하지 않음.

공인어학시험(토플, 토익, 텝스 등) 성적, 각종 교내·외 인증 사항은 절대 기록해서는 안 됩니다. 하지만 교내·외 대회 관련 사항(대회 준비 및 수상 관련 내용), 논문(학회지), 도서 출간, 발명특허 관련 내용, 모의고사 관련 내용, 방과 후 교육활동(2019년 1학년부터 입력 금지) 등이 녹여내는 대상이 됩니다. 대회와 관련하여 대회의 명칭을 단순행사로 변경하여 입력하거나 자율탐구활동으로 작성한 소논문 관련 사항, 탐구보고서 등을 자율동아리활동으로 기재하는 편법적 행위 등입니다. 좀 더 명확한 기재 요령과 제재 조치가 필요한 실정입니다. 지시사항을 그대로 따르는 학생들만 피해를 보는 격입니다.

Q11

독서활동상황을 최고로 만드는 전략을 알려주세요

> 제15조의3(독서활동상황)
> ① 중·고등학교의 개인별·교과별 독서활동상황은 독서활동에 특기할 만한 사항이 있는 학생을 대상으로 학기말에 입력한다.
> ② 학생이 읽은 책의 제목과 저자를 교과담당교사 또는 담임교사가 입력한다.

위 조항은 「2020 학교생활기록부 기재 요령」에 실려 있는 독서활동상황에 대한 내용입니다. 여기에서 "독서활동에 특기할 만한 사항이 있는 학생을 대상으로 한다."는 말에 주목해야 합니다. 예전에는 실제로 특기할 만한 사항이 있는 학생들만 기록했고, 개인별·교과별 활동상황은 특목고나 학종 성적이 좋은 학교만 적극적으로 기록하곤 했습니다.

여러분은 '특기할 만한 사항'을 만들어야만 선택을 받을 수 있다고 생각하면 됩니다. 다른 친구들이 읽는 양이나 질 정도의 도서를 나열하는 것으로는 당연히 어렵겠지요. 양과 질의 수준 모두를 만족시켜야 하는 이유입니다. 남들이 다 읽는 책은 기본으로 읽으며 수준 있는 다양한 독서 과정을 통하여 '독서를 좋아하는 수준'에 이르렀음을 보여주어야 합니다.

독서활동상황[14]의 몇 가지 핵심적인 사항은 다음과 같습니다.

첫째는 독서활동 관리에서 가장 잘 안 되는 것이 타이밍입니다. 최소한 독서활동 내용을 '1학기'와 '2학기'로 학기를 구분하여 입력한다는 것을 알고 있어야 합니다. 고1 때의 기록량이 매우 적고, 2학년 때도 기록 타이밍을 놓쳐 실제로 본인이 독서한 것조차 기록이 되지 않는 경우도 있습니다. 교육정보시스템에서 학기별로 입력 시 자동으로 입력되기 때문에 시간이 지나면 추가 입력을 할 수가 없습니다. 일단 고1 때가 가장 문제입니다. 고1 1학기 때 제대로 독서 관리를 하는 학생들은 3학년 때까지 문제없이 합니다.

항상 독서기록장, 독서 포트폴리오 등을 보관하는 습관을 갖도록 합니다.

둘째, 독서관리기록장 없이 학종을 뚫는다는 것은 생각할 수 없는 일입니다. 독서기록장을 토대로 담당선생님의 도움을 받아 긴밀하게 관리해야 합니다. 기재 경로는 2가지입니다. 교과담당선생님이 기재하는 경우와 담임선생님이 기재하는

---

14 2022~2023학년도 대입에서는 도서명과 저자만 기재하며 2024학년도부터는 학생부에는 기재하되 대입자료로 미전송하지만, 상위권 대학 진학 여부는 결국 '독서에 있다'는 것이 전문가들의 공통된 견해이고 대학에서도 독서활동상황을 가장 중요한 요소로 삼기에 저학년부터 독서습관은 절대적으로 중요함.

경우가 있습니다. 따라서 기말고사가 끝난 후에는 독서기록장에 정리되어 있는 교과목별 독서목록을 교과담당선생님께, 그 밖의 독서목록은 담임선생님께 드려야 합니다.

셋째, 독서의 방향도 투 트랙으로 하여야 합니다. 폭넓은 독서와 전공과 연관된 독서입니다. 독서를 통해 대학은 지원자의 학업능력과 전공적합성 등을 평가하게 됩니다. 특히 지금은 융합적 사고력을 강조하는 시대입니다. 융합적 사고력은 다양한 분야의 독서를 통해 길러집니다. 따라서 폭넓은 독서를 하면서도 전공과 관련한 독서가 두드러지게 보이도록 설계하는 것이 중요합니다.

넷째, 입학사정관이 가장 중요하게 보는 부분은 교과세특입니다. 특히 전공과 관련된 교과목은 교과성적과 함께 교과와 관련된 독서를 꼼꼼하게 체크합니다. 높은 경쟁률 속에서 1차 관문이라도 통과하려면 이곳에 임팩트가 있어야만 가능합니다.

다섯째, 독서활동상황 부분은 고등학교별로 가장 수준 차이가 심하게 나타납니다. 특목고의 경우는 합격자 발표와 함께 입학 전까지 읽어야 할 상당한 양의 독서 과제가 주어집니다. 학교 차원에서 전문가들이 학종을 대비한 수준 높은 독서목록을 준비해 놓습니다.

여섯째, 독서의 양입니다. 상당한 수준의 도서를 전제로 해야 합니다. 대개 SKY 합격자는 한 학기 평균 10권 이상, 서성한 중경외시이 합격자는 10권 정도, 건동

홍숙은 8권 정도, 서울 소재 기타 대학의 경우는 6권 정도로 보면 됩니다. 이 정도의 양이 평균이기에 좀 더 어필하려면 당연히 평균 이상을 보여줘야 합니다. 학종으로 상위권 대학에 합격하는 수험생들은 평균적으로 35-40권 정도의 독서활동을 보여줍니다.

Q12

독서활동 기록에도
노하우나 전략이 있나요?

 독서와 관련한 문제는 내신에 올인해야 하고 동아리활동, 수행평가 등도 챙겨야 하는 상황에서 독서에 충분한 시간을 할애할 수 없다는 데 있습니다. 독서활동 기록의 전략은 독서활동상황을 잘 포장하는 것입니다. 보통 독서활동상황을 관리해주는 학원에서 핵심 노하우라고 하는 것입니다. 현행 학생부종합전형의 맹점을 이용하는 거지요.

 편법이긴 하지만 중학교 때 읽은 책 중에서 수준 높은 책을 독서목록에 넣기도 합니다. 소위 있어 보이는 책들의 요약본을 읽는 방법도 있습니다. 가령 박경리의 『토지』라는 책은 20권으로 되어 있는 것부터 만화책으로 되어 있는 것까지 다양합니다. 어차피 책 제목과 지은이만 기록되니까요(이런 이유로 수업과 연계시킨 독서활동을 교과세특에 기재하는 것이 매우 중요합니다. 특히 지원하는 모집단위와 관련된 독서 내용이 교과세특에 기록되어 있으면 금상첨화입니다). 또한 최신 동향을 다룬 유명한 원서의 한글 요약본을 읽는 방법도 있습니다. 물론 영어로 기록하고요. 영어독서도 하나의 방법입니다. 고전 요약본 영어 원서를 읽는 것입니다. 이런 경우 입학사정관들은 꼭 영어 능력을 확인하게 되는데, 대처만 하면 되죠. 현 학생부종합전형의 한계점을 보여주는 대목입니다. 무엇보다 중요한 것은 독서활동 내용을 수업과 관련되거나 지원하려는 모집단위와 관련된 교과세특에 기록하는 것입니다. 수업에서 부족함, 궁금함을 느끼거나 좀 더 폭넓게 공부하고 싶어 독서로 발전시킨 모습이 좋은 평가를 받습니다.

독서 내용을 교과세특에 기록하는 것이 중요합니다.

대학에서 독서활동상황에 대한 평가를 할 때 고민이 있습니다. 입학사정관에게는 지원자가 실제로 어떤 수준의 독서를 얼마나 했는가 사실 여부를 파악하는 것이 1차적인 임무입니다. 보통 독서활동상황이 미비한 것은 그대로 믿어주죠. 어차피 1차에서 탈락시킬 것이니까 이러한 경우는 논할 것도 없습니다. 하지만 수준 높은 책을 읽은 지원자들은 검증을 해야 합니다. 중요한 점은 입학사정관이나 대학교수들은 지원자의 실제 독서역량을 귀신같이 알아낸다는 겁니다.

제가 오랫동안 입시지도를 하면서 많은 학생을 관찰하며 느낀 점은 모든 입시가 결국 독서에 귀결된다는 원리입니다. 독서, 특히 초·중등시절의 독서 수준이나 습관이 입시까지도 결정짓는다는 것입니다. 역시 독서의 중요성은 아무리 강조해도 지나치지 않습니다. 학년이 올라가며 등급이 벌어지는 결정적 요소가 독서이고 그 갭을 좁히지 못하는 것이 독서량 차이 때문입니다. 국어뿐만 아니라 영어, 심지어는 수학까지도 결국은 독서에 의해 좌우된다고 할 수 있을 정도입니다.

Q13

독서활동상황에 대비해서
어떤 책을 읽어야 하나요?

독서활동능력을 평가하는 입학사정관 또는 교수님들은 학생이 기록한 독서목록만 보더라도 대략적인 수준을 파악할 수 있습니다. 도서목록에 독서량이 몇 권 안 되는 사람은 다른 분야가 뛰어나더라도 1차 심사에서 탈락하는 경우가 대부분입니다. 안타까운 경우는 실제 상당한 양의 독서를 했음에도 불구하고 타이밍을 놓치거나 꼼꼼하지 못한 습관 때문에 기록을 하지 못한 경우입니다. 독서기록장, 독서 포트폴리오는 기본 중에서도 가장 기본이 되는 사항입니다. 독서기록장 없이 학종으로 합격했다는 것은 정말 특이한 경우라고 생각하면 됩니다. 수준 높은 독서와 독서량이 많은 경우에는 면접을 통해 검증이라도 하고 싶은 생각이 들게 만들지만 수준 낮은 독서 상황을 보고 면접까지 해서 능력을 평가해줄 만큼 대학은 한가롭지 않습니다.

'어느 정도 수준의 책을 읽어야 할까?'의 기준은 '각 대학의 신입생 권장도서라고 보면 됩니다. 가령 서울대, 고려대, 연세대 등 각 대학은 '필독 권장도서 100'이 있고 조선일보, 정독도서관, 한국과학창의재단 등에서 선정한 우수 도서목록이 있습니다.

각 대학의 '신입생 권장도서'가 독서 수준의 기준입니다.

다음 페이지의 표는 서울대 지원자들이 가장 많이 읽었던 책 목록입니다. 서울대는 자기소개서 4번 문항에 '고등학교 재학기간 읽었던 책 중 자신에게 가장 큰 영향을 준 책을 3권 이내로 선정하고 그 이유를 기술하여 주십시오(선정이유는 단순한 내용 요약이나 감상이 아니라 읽게 된 계기, 책에 대한 평가, 자신에게 준 영향을 중심으로 기술).'를 넣어 특히 독서를 중요하게 여기고 있습니다. 독서를 모든 공부의 기초이자 대학생활의 기본 소양으로 보기 때문입니다. SKY 합격생의 경우에는 이러한 공식을 뛰어넘어야 합니다. 서울대는 "책을 많이 읽는 인재에 대한 확고한 믿음을 드러냈다. 학문의 메카인 상아탑의 출발점은 독서라는 것이다. 책은 필요해서 읽는다. 알고 싶어서, 느끼고 싶어서, 생각하고 싶어서. 앎에 대한 만족감을 얻고, 카타르시스를 경험하며, 생각의 강물이 바다가 된다. 이런 과정에서 우리는 책을 좋아하게 되고 다시 책을 읽게 된다. 자연스럽게 독서의 폭이 넓어지고 책이 말하는 깊은 이야기를 충분히 녹여낼 수 있는 역량을 지니게 된다. 이렇게 쌓은 역량은 '창의적 지식공동체'를 지향점으로 삼고 있는 서울대가 선발하고자 하는 인재상의 밑바탕이 된다."[15]고 강조했습니다.

---

15 베리타스알파(2016. 5. 10.). 서울대 지원자 도서 베스트 20 '반면교사로 수용해야'.

서울대 지원자들이 가장 많이 읽는 책

순위	도서명(지은이)
1	왜 세계의 절반은 굶주리는가(장 지글러)
2	이기적 유전자(리처드 도킨스)
3	정의란 무엇인가(마이클 샌델)
4	데미안(헤르만 헤세)
5	엔트로피(제레미 리프킨)
6	멋진 신세계(올더스 헉슬리)
7	미움 받을 용기(기시미 이치로, 고가 후미타케)
8	연금술사(파울로 코엘료)
9	페르마의 마지막 정리(사이먼 싱)
10	1984(조지 오웰)
11	죽은 시인의 사회(N. H. 클라인바움)
12	이중나선(제임스 왓슨)
13	변신(프란츠 카프카)
14	침묵의 봄(레이첼 카슨)
15	돈으로 살 수 없는 것들(마이클 샌델)
16	오래된 미래(헬레나 노르베리 호지)
17	총,균,쇠(제레드 다이아몬드)
18	학문의 즐거움(히로나카 헤이스케)
19	수레바퀴 아래서(헤르만 헤세)
20	멈추면 비로소 보이는 것들(혜민)

　학종으로 상위권 대학 진학을 목표로 하는 경우는 서울대의 독서활동 요구수준을 따라야 합니다. 서울대는 자기소개서에 독서활동을 요구하는 학생부종합전형으로 다른 대학보다도 특히 독서활동을 중요하게 여깁니다. 물론 다른 대학들은 이것을 따라 하려 합니다. 하지만 서울대가 원하는 독서수준은 남들이 다 읽는 위의 필독서 수준이 아닙니다. 시간이 없고 힘들어도 많은 책을 읽다 보면 '책을 좋아하는 단계'에까지 이르게 되며, 그러면 즐겁게 더 깊고 다양한 독서가 가능

서울대 지원자들이 읽은 책 계열별 톱10

순위	인문계	자연계	예체능계
1	왜 세계의 절반은 굶주리는가	이기적 유전자	연금술사
2	정의란 무엇인가	왜 세계의 절반은 굶주리는가	멈추면 비로소 보이는 것들
3	데미안	엔트로피	데미안
4	1984	페르마의 마지막 정리	아프니까 청춘이다
5	돈으로 살 수 없는 것들	이중나선	꿈꾸는 다락방
6	죽은 시인의 사회	멋진 신세계	달과 6펜스
7	수레바퀴 아래서	침묵의 봄	미움받을 용기
8	오래된 미래	화학에서 인생을 배우다	모리와 함께한 화요일
9	나쁜 사마리아인들	공학이란 무엇인가	모모
10	에밀	화학으로 이루어진 세상	나는 내일을 기다리지 않는다

해집니다. 특히 자기소개서의 독서활동은 한 단계 더 높은 수준으로 준비해야 경쟁력이 있습니다. 남들이 다 읽는 필독서 정도로는 경쟁에서 이길 수 없습니다.

Q14

독서활동에서 다양한 분야의 독서와
전공 관련 독서 중 어느 것이 중요한가요?

"독서의 분야와 관련하여 다양한 분야의 서적을 폭넓게 읽는 것이 유리한지, 전공과 관련된 분야의 책을 깊이 있게 읽는 것이 유리한지에 대해 질문을 많이 합니다. 둘 다 나름의 의미를 지닐 수 있습니다. 평가자들은 학생이 어떤 독서습관을 가졌고, 어떤 동기와 방향성을 가지고 책을 읽었는지, 교과와 관련하여 학업역량을 기르는 데 어떤 도움이 되었는지, 독서가 본인 성장에 어떤 의미를 지니는지 등에 관심을 가지고 해석을 하게 됩니다. 그렇기 때문에 다양한 분야에 대한 폭넓은 독서를 통해 지적 역량이나 지적 호기심을 보여주는 독서활동도 의미 있고, 관심 영역에 대한 심화된 독서를 통해 역량을 기르는 활동도 의미를 가질 수 있습니다. (학생부종합전형 101가지 이야기)."

정답: 많은 독서 + 다양한 분야의 독서(편식 금지) + 수준 있는 독서 + 책 읽는 것을 좋아해야 함 + 빈틈없는 기록 = 독서활동에서 인정받음.

학종은 보통의 학생에게는 숨막히는 전형입니다. 모든 것을 빈틈없이 잘해야 하는 전형이기도 하고요. 독서 역시 마찬가지입니다. 분야별로는 전공 관련 도서, 인문학 관련 도서, 4차 산업혁명 등 최신 트렌드를 반영한 도서, 평소 관심 분야의 도서 등이 있을 수 있습니다. 상대적인 경쟁이기 때문에 다른 학생들보다 더 많은, 수준 있는 독서를 해야 하며, 대학이 원하는 바대로 독서를 좋아한다는 것을 보여줘야 합니다. 이러한 내용이 학생부에 기재되어야 대학에서 알 수 있다는 것은 기본입니다.

Q15

독서 양이 중요한 건 아니라는
것이 사실인가요?

독서와 관련해서 잘못된 정보를 알고 있는 경우가 많습니다. 다음은 6개 대학 입학사정관들의 학종 독서 관련 답입니다. 사실인 부분과 그렇지 않은 부분이 있습니다.

"학교생활기록부에 기재되는 독서가 저자와 도서명만 기록되기 때문에 독서량을 정량적으로 반영하는 것이 아니냐는 질문도 있는데 1)독서활동을 정량적으로 반영하지는 않습니다. 그리고 2)고교 수준에 맞지 않는 어려운 책을 읽는 것도 바람직한 모습은 아닙니다. 3)실제 교과 영역과 관련하여 좀 더 찾아보고 알고 싶은 욕구가 생겨서 단계별로 심화된 내용의 독서를 했을 때 좀 더 의미 있는 평가를 받을 수 있습니다. 4)독서활동상황에서는 자기주도적 도서 선별능력도 매우 중요합니다."

대학은 수준 있는 책을 많이 읽는 것에 더하여 책 읽는 것을 매우 좋아하는 학생을 뽑으려 합니다.

위의 내용을 다시 한 번 해석해보겠습니다.

1)항에서 "독서활동을 정량적으로 반영하지는 않습니다."는 단순히 독서의 양이 많다고 높은 평가를 받는 것은 아니지만 학종에서 필요한 독서 양은 많으면 많을수록 좋습니다. 독서량이 적은 사람은 우선 탈락대상이라고 보면 됩니다. 양은 적지만 수준 있는 책을 읽었을 경우에도 대학에서 원하는 것을 반 정도만 충족한 것으로 보면 됩니다. 2)항의 '고교 수준에 맞지 않는 어려운 책을 읽는 것'이 바람직하지 않다는 말은 믿지 마세요. 입학사정관이나 교수가 하는 일이 수준 있는 책을 본인이 진짜 소화하며 읽었느냐를 판별하는 것입니다. 대학은 수준 있는 책을 많이 읽는 것에 더하여, 책 읽는 것을 매우 좋아하는 학생을 뽑으려 합니다. 3)항의 '실제 교과 영역과 관련하여 좀 더 찾아보고 알고 싶은 욕구가 생겨서 단계별로 심화된 내용의 독서를 하는 것은 당연한 이야기이면서 매우 중요한 내용입니다. 대부분의 독서가 이렇게 스토리를 가져야 합니다. 4)항에서 학생이 자기주도적 도서 선별능력을 갖춘 경우는 거의 없습니다. 내신대비, 수능 준비, 수행평가, 각종 활동을 하면서 도서까지 선별하여 읽는 학생은 극소수의 경우에 속합니다. 이러한 요구조건을 충족하면 높이 평가받기에 이런 과정을 모두 소화해낸 것처럼 스토리를 작위적으로 만드는 경우가 많습니다. 하지만 대부분 학종에서 성과를 내는 학교들은 학교에서 준비를 해줍니다. 담당선생님들이나 전문가들의 자문을 통해 대학에 어필할 수 있는 도서 목록을 준비해 줍니다. 학교별 수준 차이를 여기에서도 볼 수 있습니다.

봉사활동은 어떤 전략을
세워야 하나요?

학생부종합전형은 모든 것을 잘해야 뚫을 수 있는 전형입니다. 사실 봉사활동은 다른 영역에 비해 상대적으로 비중이 가장 적습니다만 대학에서는 그러한 봉사활동 영역에서도 지원자의 우수성과 전공적합성을 찾으려 합니다. 실제로 학종 합격자들의 봉사활동 면면을 보면 화려하면서도 특색이 있습니다. 봉사활동과 관련한 질문 중에 가장 많은 것은 '어떠한 봉사활동을 해야 하나?', '어느 정도의 봉사활동 시간을 가지면 좋은 평가를 받을 수 있는가?'입니다.

현재 학교에서 권장하는 고등학교 봉사시간은 3년간 총 60시간입니다. 일반고 학생들의 봉사활동 실적을 보면 교내환경 정화 활동, 청소 등이 주류입니다. 전혀 도움이 안 되는 것들입니다. 봉사활동에 대한 몇 가지 조언을 하면 다음과 같습니다.

첫째, 봉사활동 과정에서도 지원자의 우수성이 드러나도록 해야 합니다. 희생적이고 진정성 있는 모습이 인성과 관련하여 플러스 요인이 될 수 있을지 모르지만, 더 중요한 것은 지원자의 우수성이 드러나도록 하는 것입니다. 본인의 장점이 잘 발휘되도록 봉사처의 선정이 중요합니다. 학종이 본인의 능력으로만 되는 것이 아니고 조력자의 도움이 필요하다는 것이 이런 부분에서 나타납니다. 내신, 수행평가, 수능까지 준비하면서 의미 있는 봉사활동을 할 곳을 찾는 것이 어렵습니다. 정보와 연줄의 싸움이라는 말이 여기에서 나오는 겁니다.

2022~2023학년도 대입에는 봉사활동 실적은 기재되지만 특기사항에는 기재되지 않습니다.
2024학년도에는 개인봉사활동 실적이 대입에 미반영[16]됩니다.

둘째, 전공과 관련된 봉사활동이 의미 있습니다. 대학에서는 "사범대학을 희망하는 학생이 꼭 교육봉사를 해야 한다는 공식은 없습니다. 전공과의 연계성은 넓은 범위에서 다양하게 인정될 수 있으므로 '사회복지학과-복지관 봉사, 사학과-박물관 봉사'처럼 봉사활동을 좁게 해석할 필요는 없습니다(6개 대학 입학사정관)."라고 하지만 경쟁률이 매우 높은 학종에서는 다른 사람들과 다른 모습을 보여야 선택됩니다. 봉사활동 내용이 꼭 지원 전공과 직접적인 관련이 있어야 하는 것은 아닙니다만 봉사 내용에 임팩트가 있어야 하는 것은 분명합니다.

---

16 단, 학교 교육계획에 따라 교사가 지도한 실적은 2024학년도 대입에도 반영됩니다.

셋째, 많은 시간보다는 봉사활동의 퀄리티를 생각해야 합니다. 단순히 봉사활동 시간이 많다고 해서 좋은 평가를 받는 것은 아닙니다. 학교 주변 환경 정리 시간이 아무리 많아도 큰 의미가 없습니다. 양적으로 시간을 늘리기 위한 봉사활동이 아니라 지원자 본인에게 의미 있는 활동인지가 중요합니다. 중요한 것은 봉사활동의 시간이 아니라 봉사활동의 내용입니다.

"봉사활동 시간이 많거나 지속적으로 했다고 해서 무조건 좋은 평가를 받는 것이 아닙니다. 봉사활동을 통해 무엇을 배우고 느꼈는지, 어떤 면에서 성장했는지, 주변에 어떤 영향을 끼쳤는지가 중요합니다. 입학사정관이 봉사활동 기록을 통해 확인하고자 하는 내용은 단순한 활동의 양과 지속성이 아니라 이러한 활동을 어떤 계기나 생각으로 시작하게 되었는지, 봉사활동을 통해 어떤 점을 느꼈으며 얼마나 성장했는지입니다. 중요한 것은 지원자의 자발성과 봉사활동을 통한 성장입니다."

결국 중요한 것은 봉사활동을 통해 얻고자 한 것, 실제로 그 활동을 통해 배우고 느낀 점이 드러날 수 있는 활동이어야 한다는 점입니다. 봉사활동은 본인이 할 수 있는 범위 안에서 진정성을 가지고 성실하고 지속적으로 실천하는 것이 중요합니다.

Q17

동아리활동에는 어떤 전략을
세워야 할까요?

동아리활동을 통해 전공에 대한 열정, 전공과 관련된 심화 활동, 친구들과의 협동심, 리더십 등을 통해 전공적합성, 인성, 발전가능성까지 다양한 능력을 평가받습니다. 특히 자율동아리, 학술동아리 등은 학생부종합전형의 평가요소 중 중요한 부분을 차지하는 전공적합성을 부각시킬 수 있는 매우 훌륭한 도구입니다. 다음은 몇 가지 동아리활동 전략입니다.

첫째, 학교생활기록부 기재 개선사항에 따라 2022~2023학년도 대입에는 자율동아리 기재 개수를 학년당 1개로 제한하고, 객관적으로 확인 가능한 사항(동아리명, 동아리 소개)만 기재하는 것으로 변경됩니다. 그동안 자율동아리가 무분별하게 확대된 부작용의 결과라고 봅니다. 정규동아리활동을 늘리고 자율동아리는 전공 관련하여 중요한 것을 선정하여 전략적으로 1~2개로 줄이는 것이 좋을 듯합니다.

둘째, 동아리활동은 개수가 중요한 것이 아니라 적은 수의 동아리활동을 하더라도 의미 있는 경험을 하는 것이 중요하다고들 합니다. 맞습니다. 하지만 동아리활동 개수를 무조건 줄이는 것도 지양해야 합니다. 학종 합격자들 대부분이 상당수의 왕성한 동아리활동을 통하여 자신들의 다양한 역량을 보여줍니다. 동아리활동은 나중에 자기소개서의 가장 중요하고 설득력 있는 소재로 영향력을 발휘합니다.

동아리는 개수보다는 의미있는 경험이 중요합니다.

셋째, 동아리 직책을 좀 더 넓게 볼 필요가 있습니다. 동아리 회장, 부회장이 아니더라도 총무, 학술팀장, 기획팀장, 편집장 등의 역할 속에서 본인이 느끼고 변화된 모습 등을 기록하는 것이 필요합니다. 동아리활동에서 활동 내용보다는 학생부에 기록될 직책에 더 관심을 가지게 되는 경우를 많이 봅니다. 회장, 부회장 선거에서 떨어지면 탈퇴하는 경우도 적지 않습니다. 하지만 꼭 회장, 부회장이 아니더라도 총무, 학술팀장, 기획팀장, 편집장 등의 역할에 더 주목하는 입학사정관이 많습니다. 과거에는 회장, 부회장만이 부각되었으나 요즘은 '총무형 인간'이 주목을 받기도 합니다. 각 직책에 따른 기여도, 역할, 협력 태도 등이 잘 기재되어 있다면 오히려 더 유리할 수도 있습니다.

넷째, 동아리활동 자체만이 아니라 다양한 교과, 비교과 활동과의 연계가 중요합니다. 특히 동아리와 독서활동과의 연계 등은 연속성도 가질 수 있을 뿐 아니라 지원자의 학업역량 우수성을 나타내는 중요한 포인트입니다. 가령 '경영탐구반'이란 동아리활동과 다양한 경영, 경제 관련 독서활동을 연계시키면 효과의 극대화를 추구할 수 있습니다. 동아리활동은 그 자체만이 아니라 다른 활동과의 연계와 심화된 활동으로 발전하는 모습을 보일 때 큰 힘을 발휘합니다.

마지막으로, 동아리활동 계획도 미리미리 계획하고 준비하는 친구들과 그렇지 않은 경우는 큰 차이를 보입니다. 고등학교 입학 전부터 진학할 학교의 동아리 상황에 대한 분석이 이루어지고 선착순 모집, 추천, 면접 등 선발방법까지 알고 있는 학생이 있는 반면에 수동적이고 자기가 생각하지 않은 동아리에 가입하는 학생도 있습니다. 학종은 전자의 학생을 뽑으려 합니다.

Q18

자율동아리는 어떻게 구성하고 활동하는 것이 좋을까요?

자율동아리는 본인의 관심 분야 및 전공에 대한 관심과 이해의 폭을 넓히고, 전공 관련한 심도 깊은 활동과 경험을 이루는 방향으로 준비하여야 합니다. 자율동아리는 정규동아리보다 대학에서 신뢰감이 더 적고 기록할 때 제한이 있기 때문에 자기소개서 등에 활용하기 위해서는 개설 목적, 활동 내용과 성취하는 과정에서 개인의 성장 등에 대한 기록을 더 잘 해 놓아야 제대로 역량을 발휘할 수 있습니다. 자율동아리는 학생부에 동아리 개수를 학년당 1개로 제한하고, 객관적으로 확인 가능한 사항만 기재할 수 있습니다. 다음은 자율동아리 구성과 활동 전략입니다.

자율동아리는 2022~2023학년도에는 연간 1개만 기재되고 2024학년도에는 미기재됩니다.

첫째, 자율동아리활동은 명칭과 개설 목적 정하기, 월별 활동 계획, 멤버 구성, 담당교사 섭외 등에 많은 시간이 소요되며 어려운 과정임을 알고 준비해야 합니다. 잘하면 자신의 역량을 가장 잘 드러내고 성장시킬 수 있는 좋은 계기가 될 수 있지만 자칫 잘못하면 학교생활 여러 면에서 어려움에 빠질 수도 있습니다.

둘째, 자율동아리 구성 시기 등을 정확하게 알아야 합니다. 자율동아리는 학기 초에 구성할 수 있고, 학기 중에 구성된 자율동아리활동은 입력되지 않는 경우가 많습니다. 학교는 전체 학교 커리큘럼과 프로그램을 매 학년 시작 전에 완성합니다. 전체적인 일정 체크가 먼저 이루어져야 합니다.

셋째, 자율동아리는 대개 아래의 창설 절차로 이루어집니다. 자기 학교의 절차를 확인하기 바랍니다.

자율동아리 창설 절차

자율동아리 운영 계획 수립(담당부서) → 동아리 구성, 지도교사 섭외, 동아리 운영계획서 작성 및 제출(학생) → 동아리 담당교사 취합 및 결재(담당부서) → 학교장 승인, NEIS에 자율동아리 부서명 등록(담당부서) → 동아리활동 전개, 학생부 기재(학생, 지도교사)

마지막으로, 자율동아리는 희망진로나 전공과 관련된 동아리로 설정하는 것이 좋습니다. 또한 '자기주도학습' 능력이나 '학업역량'을 입증할 수 있는 학술동아리도 좋습니다. 전공과 연결된 학술동아리면 더욱 효과를 발휘할 것입니다.

Q19

창의적 체험활동상황에서 자율활동과
진로활동은 어떤 전략을 세워야 할까요?

　창의적 체험활동의 4개 영역은 자율활동, 동아리활동, 봉사활동, 진로활동입니다. 동아리활동과 봉사활동 전략은 우선적으로 마련하지만 자율활동과 진로활동은 다른 항목들에 비해 이해가 부족하여 제대로 관리되지 않고 수동적으로 대처하게 되는 항목입니다. 하지만 입학사정관들은 이러한 곳에서 지원자의 우수성이 어떻게 나타나는지 평가합니다. 자율활동은 학생회활동이나 토론회 등의 자치활동, 전시회, 발표회, 학예회 등의 행사활동, 학습신문 만들기, 지역 문화재 답사 등 창의적 특색활동 등으로 나눌 수 있습니다. 진로활동에는 교내 시행 각종 직업 검사, 직업 체험, 나의 꿈 발표하기 등 각종 체험활동과 진로 프로그램, 커리어넷, 워크넷의 활용, 학생의 특기나 진로를 돕기 위해 학교와 학생이 수행한 활동과 결과 등을 기록하는 것입니다.

　교육부는 매년 학생부 기재와 관련해 공식적인 가이드라인을 제공하고 있습니다. 아래의 활동 분류표는 교육부의 학교생활기록부 기재 요령입니다. 2019학년도 기재사항부터는 좀 더 추상적인 표현을 쓰고 있으나 다음의 세부 활동 내용을 참고하면 좋을 듯합니다.

학교생활기록부 활동 분류표

영역		세부 활동 내용(예시)
자율활동	적응활동	입학, 진급, 전학, 기본생활습관 형성, 축하, 친목, 사제동행, 학습·건강·성격·교우 등의 상담활동 등
	자치활동	학급회, 학생회 협의활동, 모의 의회, 토론회, 자치법정 등
	행사활동	의식행사, 발표회, 체육행사, 현장체험학습 등
	창의적 특색활동	학생·학급·학년·학교·지역 특색 활동, 학교전통수립·계승활동 등
진로활동	자기이해활동	자기 이해 및 심성 계발, 자기 정체성 탐구, 가치관 확립 활동, 각종 진로 검사 등
	진로정보탐색활동	학업 정보 탐색, 입시 정보 탐색, 학교 정보 탐색, 학교 방문, 직업 정보 탐색, 자격 및 면허 제도 탐색, 직장 방문, 직업 훈련, 취업 등
	진로계획활동	학업 및 직업에 대한 진로 설계, 진로 지도 및 상담 활동 등
	진로체험활동	학업 및 직업 세계의 이해, 직업 체험 활동 등

출처: 교육부, 학교생활기록부 기재 요령

몇 가지 전략을 체크하여 보면 다음과 같습니다.

첫째, 자율활동과 진로활동에서 중요한 것은 능동적인 참여 자세가 더욱 강조된다는 점입니다. 자율활동과 진로활동은 학교에서 이루어지는 단체활동을 따라하게 되는 경향이 있습니다. 그러다 보니 자율활동과 진로활동에서는 학생의 개별적인 특성이 잘 나타나지 않는 경우가 많습니다. 능동적인 참여 자세가 특히 중요한 이유입니다. 주목해야 할 활동 중의 하나는 '임원활동'입니다. 임원활동 경험은 곧 리더십을 갖춘 주도적 인재라는 긍정적인 평가로 이어지게 될 가능성이 있습니다. 학생회장만 임원이 아닙니다. 각종 활동에서 회장, 부회장, 학술팀장, 기획팀장, 총무 등 다양한 형태의 활동에서도 임원활동을 적극적이고 능동적인 자세로 하는 것이 필요합니다.

둘째, 본인만의 특별한 경험을 찾아야 합니다. 학종으로 합격한 학생들은 같은 단체활동과 학교행사에 참여하더라도 고민의 흔적과 변화가 다르다는 것을 보여주고 본인만이 느낀 특별한 경험을 찾아냅니다. 누구나 다 하는 '학교의 활동'이 아니라 '나의 활동', 즉 내가 어떻게 참여하였고, 어떤 역할을 했는지, 나의 경험과 역량이 중점적으로 드러나도록 해야 합니다. 구체적 활동 사실과 활동 태도 및 노력에 의한 행동 변화와 성장을 기록하면 자율활동이 개별화되어 의미있는 평가를 받을 수 있습니다.

창의적 체험활동 영역은 학년도별로 반영 방법이 다릅니다.

셋째, 진로나 전공적합성 탐색, 역량 강화에 적극적인 모습을 보여줍니다. 진로활동은 전공에 관한 관심사를 잘 보여줍니다. 성격 검사, 진로 검사, 진로 강의, 진로 및 전공 체험 등 다른 친구들과 비슷한 활동 내용 기록으로는 전공에 대한 열정을 보여줄 수 없습니다. 자신만의 특별한 진로를 찾는 모습을 끊임없이 보여주어야 합니다. 특히 진로에 대한 독서활동이나 체험활동을 찾아 자신의 진로와 전공에 대한 열정과 역량을 보여주어야 합니다. 방학 중 진로체험 보고서를 제출하는 등의 개인 활동도 플러스 요인이 될 수 있습니다.

자율활동과 진로활동은 다른 영역과 다르게 그 범위의 폭이 상당히 넓습니다. 학생부의 가장 핵심인 '학업역량'과 '전공적합성', '발전가능성'에 관련된 다양한 활동들을 녹여 기재할 수가 있습니다. 본인의 우수성을 드러내고 능력을 높이기 위한 다양한 탐구활동과 경험 중 임팩트 있는 활동들을 추가로 넣을 수가 있습니다. 2022학년도부터는 수상경력 개수를 학기당 1개로 제한을 두고 자율동아리 활동 기재도 학년당 1개만 가능하기 때문에 상대적으로 자율활동과 진로활동은 더 큰 비중을 차지할 것으로 예상됩니다.

Q20

대입 정보는 어디에서
얻을 수 있나요?

학생부종합전형에 관한 정보는 다양한 곳에서 얻을 수 있습니다. 중요한 것은 정보를 가려서 보고 들을 수 있어야 한다는 겁니다. 정확하게 알 만한 시기가 되면 입시 상황이 종료되는 한계가 있기도 합니다. 한국대학교육협의회나 대학의 입학사정관들에게서는 객관적인 정보와 자료를 얻기는 좋으나 그들이 처한 여건상 교과서 같은 이야기만 할 뿐 기대한 만큼 시원스런 대답을 얻을 수 없다는 한계가 있습니다. 정확한 정보의 필요성이 더욱 중요한 이유입니다. 다양한 정보들 중 정말 본인에게 맞는 정확한 정보로 학종 전략을 세워야 성공할 수 있습니다.

첫째, 대입정보포털 '어디가(http://adiga.kr)'는 대학의 입시정보를 한곳에 모아 종합적으로 제공하는 대학입학정보 포털서비스로, 희망 진로와 직업에 관련된 대학과 학과들을 찾아볼 수 있습니다. 해당 학과의 대입정보를 비교·검색하고 성적을 분석하여 진단해볼 수 있으며 온라인상담도 가능하여 스스로 대입을 준비할 수 있도록 도와주고 있습니다. 또한 대학입학상담센터(1600-1615)에서는 현직 고등학교 교사들로 구성된 대교협 상담교사에게 학생부종합전형을 포함한 개인별 맞춤형 입시 전략 및 전형 상담을 무료로 받을 수도 있다는 점을 꼭 기억해 두기 바랍니다. 대학입학정보는 로그인하지 않고 간편하게 확인할 수 있습니다. 다만 입시 결과와 나의 성적 분석, 온라인상담 등 심층적인 대입정보를 확인하기 위해서는 회원가입이 필요합니다.

둘째, 각 대학 입학처나 온라인 홈페이지에 생각보다 많은 자료가 있습니다. 대학별 구체적 선발방법은 각 대학의 홈페이지에 가장 잘 나와 있기 때문에 자신이 지원하고자 하는 대학의 입학처 홈페이지를 방문하여 모집요강, 입학전형의 방향, 학생부종합전형 관련 홍보 영상 등을 확인하는 것이 좋습니다. 특히 전년도 학종 관련한 내신성적 분포나 면접 기출문제 및 각 대학별 면접고사 준비를 위한 정보를 상세히 확인할 수 있습니다. 또한 대학별 궁금한 사항은 각 대학의 입학 관련 Q&A 게시판을 활용하거나 전화로 상담을 예약한 후 개별 대학을 방문하면 보다 정확한 상담을 받을 수 있습니다.

셋째, 오르비, 수만휘, 문닫고 대학가자, EBS 등은 고교생들이 가장 많이 활용하는 사이트입니다.

오르비에서는 상위권 학생들을 중심으로 한 학습 정보 공유나 입시 전략에 도움을 받을 수 있습니다. 수만휘는 최대의 입시정보 카페로서 각종 입시정보를 얻을 수 있으며, 문닫고 대학가자에서는 대학별 수능 등급 커트라인과 면접/논술

기출문제들을 한눈에 볼 수 있습니다.

넷째, 2~3곳의 입시밴드나 카페에 가입하여 지속적으로 정보를 공유할 것을 권합니다.

요즘은 밴드를 통한 정보 공유나 질의응답이 활발하게 이루어지고 있습니다. 저는 분당맹모, 입시통, 착한입시상담소, 통통통, 스터디홀릭 등에 방문하여 새로운 소식과 정보를 얻습니다. 궁금한 것을 직접 올리면 같은 입장에 있는 학부모나 선배 학부모, 혹은 입시전문가들이 무료로 친절하게 설명해줍니다.

PART 4

확 바뀐 학생부종합전형

모르면 당한다

Q1

학생부종합전형은 특목고, 자사고 학생들에게 유리한 전형인가요?

"일부 대학의 일부 전형에서는 전형의 특성상 자사고나 특목고 학생 비율이 높게 나타날 수 있으나, 학생부종합전형이 결코 특정 유형의 고교 학생들에게 유리한 전형은 아닙니다(한국대학교육협의회)."

팩트 체크

대학의 입장에서는 위와 같이 이야기하지만, 당연히 학생부교과를 제외한 모든 전형이 특목고·자사고 학생들에게 유리합니다.

공식적인 자리에서 입학사정관에게 이러한 질문을 하면 당연히 아니라고 해야죠! 하지만 학종의 특성을 안다면 이것은 묻는 것조차 우스운 질문입니다. 교육당국이나 대학에서는 각종 자료[17]를 제시하면서 특목고와 일반고 간의 차별이 없음을 이야기합니다. 한 예로 입학사정관이 일반고에서 입시설명회를 할 때는 각종 이유를 대면서 차별이 없음을 주장합니다. 하지만 자사고, 특목고에서 입시설명회를 할 때는 솔직하게 이야기하는 거죠.

'대학에서 특목고, 자사고 등 출신 학교에 따라 차이를 두는가?'는 학종이 시작된 이래 계속적으로 논쟁이 되어 왔습니다. 물론 대학의 입장에서 무조건 우대하는 것은 아닐 것입니다. 교육과정 자체가 다르고, 각종 시스템이 우수하고, 학생들의 성과가 다르기에 학교를 보고 뽑는 것이 아니라 학생을 보고 판단한다고 이야기합니다. 특목고 학생들의 내신이 낮은데도 불구하고 매우 선호하고 있다는 근거가 되기도 합니다. 자사고, 특목고를 우대하는 확실한 근거가 고교프로파일입니다. 정부에서 공식으로 인정하고 한국대학교육협의회에서 운영하는 고교정보시스템은 학교별 차이를 극명하게 보여줍니다. 이러한 시스템은 자사고, 특목고 출신을 더 많이 뽑을 수 있도록 도와줍니다.

팩트 체크

"학생부종합전형 평가가 특목고와 같이 특정 고등학교에 더욱 유리할 것이라는 문제제기는 다음과 같은 상황에 대한 우려에서 비롯한다고 할 수 있습니다. 첫째, 학생부종합전형 서류평가에서 학교활동을 중요하게 평가하는데 일반고에 비해 특목고와 같이 교육과정 운영상의 자율권한이 많은 학교가 특성프로그램을 운영하는 데 유리할 것이라는 점입니다. 둘째, 전문교과를 이수할 수 있는 환경이 조성

---

17 한국대학교육협의회나 대학에서 의뢰한 일부 학술적인 연구나 통계, 설문조사 등은 학종을 정당화하거나 홍보하기 위한 수단으로 쓰이고 있습니다. 반면에 학종에 비판적인 논문이나 통계 등은 당연히 배제를 합니다.

된 고교의 경우 교과 심화활동을 연계할 수 있으며 깊이 있는 탐구활동도 가능할 수 있으므로 서류평가에 유리하게 반영될 것이라는 점입니다. 셋째, 학교가 처한 환경에 따라 학생들의 교육성취가 달라질 수밖에 없는데 상대적으로 교육여건이 좋은 학교가 더 좋은 평가를 받을 것이라는 가정입니다. 결론적으로 말하면, 고교를 서열화하여 평가에 반영할 것이라는 염려는 하지 않으셔도 좋습니다(6개 대학 입학사정관)."

팩트는 이렇습니다! 당연히 위의 3가지 그리고 기타의 이유들 때문에 대학에서는 자사고나 특목고를 더 대우해주는 겁니다. 정부나 대학에서 제시하는 여러 통계나 사례들은 그들의 논리를 정당화하고 홍보하는 수단이라고 보면 됩니다. 일반고 6,7등급이 상위권 대학에 합격했다는 사례가 대표적입니다. 여기에 많은 사람이 속아 넘어갑니다. 그 이면을 보면 극단적이고 일반 학생에게는 적용 불가능한 사례입니다.

그렇다면 일반고 출신들은 어떻게 해야 할까요?

여러 조건이 특목고에 비해 상대적으로 많이 부족하다는 생각으로, 자신의 학교에서 최상위권이 되어야 합니다. 대학에서 학생을 뽑는 '절대기준'이 있습니다. 학생의 '우수성'입니다. 한 가지는 분명합니다. 대학은 어떻게든 '우수한' 학생들을 선발하려 하고 실제로 다년간의 노하우로 실력대로 뽑는다고 생각하면 됩니다. 일반고라서 갖는 장점들도 있습니다. 특목고 중하위권 학생들 중에 일반고 최상위권의 실력을 갖춘 학생들도 꽤 있습니다. 하지만 그들은 학종을 써볼 기회도 갖지 못하고 그 나름대로 불만을 갖고 있는 경우도 많습니다. 또한 대학 재정지원 등 여러 가지 이유 때문에 대학은 정부의 눈치를 봐야 하고 특목고 사랑(?)을 드러내 놓고 할 수가 없다는 점도 있습니다. 일반고에서 좋은 내신성적을 확보하고 학교의 교육활동에 적극적으로 참여하여 두드러진 성과를 낸다면 수능 실력(수능 예상성적)에 비해 훨씬 좋은 대학도 가능합니다.

Q2
학생부종합전형에서
고교등급제가 적용되나요?

팩트 체크

"대학이 고등학교를 차별한다는 의심을 받는 제도가 고교등급제입니다. 고교 등급제란 '고등학교마다 학업역량에 있어 수준이 다름을 차별적으로 인식하고, 특정 고등학교에 좋은 등급을 부여함으로써 우대하는 제도'를 말합니다. 결론적으로 말하자면, 고교에 등급을 부여하여 고교에서 받은 내신값을 다른 기준으로 평가할 것이라는 고교등급제 논란은 기우일 뿐 전혀 염려하지 않아도 됩니다. 대학의 학생선발은 우수 인재를 선발하는 데 목적이 있는 것이지 우수 고등학교를 선정하는 데 있지 않기 때문입니다. 고등학교 환경이 열악한 상황에서도 본인의 역량을 최대한 성장시킨 학생의 우수성을 높게 평가하는 것이 학생부종합전형 평가의 취지입니다(6개 대학 입학사정관)."

팩트를 정확하게 알아야 합니다.

이것은 "부자와 가난한 사람 중 대학 입시에서 누가 더 유리할까요?"라는 질문과 같습니다. 대학에서는 "가난하다고 차별하지 않습니다."라고 매우 원론적인 답을 하지요. 부자가 왜 유리한지는 초등학교 어린이들도 잘 압니다. 어려서부터 막대한 사교육비를 써가며 좋은 환경과 좋은 정보를 독점하는 겁니다. 결과도 투자한 만큼 나온다는 것이 상식이죠.

2022학년도부터는 고교정보 블라인드 평가가 서류와 면접까지 확대됩니다.

물론 영재학교, 상위권 과학고, 최상위 자사고/외고는 A등급, 자사고, 외고/국제고, 중하위권 과학고, 강남/분당 지역 우수학교 B등급 ……지방의 일반고 E등급 이런 식으로 등급을 정하여 점수를 차등부여하는 식으로 대놓고 고등학교 간 차별을 노골화하는 대학이 지금은 없겠죠?

하지만 입학사정관이나 심사교수들의 인식에는 고등학교가 등급별로 각인되어 있다고 보면 됩니다. 입시전문가들이 학생의 수준을 파악하기 위해 가장 먼저 묻는 말이 어느 고등학교를 다니고 있느냐입니다. 그다음이 그 학교에서 내신이 어느 정도인가입니다. 그래야 다음 이야기가 시작됩니다. 결론적으로 대학에서는 고교등급제를 적용하고 있다고 생각하고 학종을 준비하는 것이 좋습니다.

대학은 정부에서 공식적으로 제공하는 고교프로파일을 활용합니다. 물론 대학에서는 학교 교육과정이 어떤 형식으로 이루어졌는가를 파악하고 교육환경, 고교 특성을 파악하여 일반고 학생들이 차별받는 일은 없다고 홍보합니다. 하지만 완전 거짓은 아닐지라도 그런 것에 크게 관심은 없어 보입니다. 일반고의 프로파일에는 관심도 없고, 볼 가치도 없고, 볼 시간도 없다고 보면 됩니다. 오히려 고교프로파일 내용 중에 고교기본정보인 고교유형(일반고/자사고/특목고/영재고 등), 모집단위(지역/광역/전국), 선발방식(추첨/선발), 기숙사 운영 여부 등에 관심이 있죠. 이 정도 파악하면 고등학교의 수준과 학생의 수준이 금방 나오거든요.

Q3

자사고/특목고와 일반고의
교과성적 차이가 어떻게 되나요?

자사고/특목고와 일반고의 교과성적 차이가 어떻게 되는가를 물으면 입학사정관들은 종합적으로 평가한다는 말만 반복합니다. 각 고등학교 진학담당선생님들은 대학 지원 기준 교과성적을 알고 있습니다. 이것이 충족되어야 전체적인 학생부가 얼마나 준비되었는가를 파악하게 됩니다. 교과성적이 우수하면 비교과가 조금 부족해도 지원 가능하다고 보고, 반대로 비교과가 우수하면 교과성적이 조금 부족해도 가능하다고 봅니다. 하지만 대체적인 지원 가능점수만 있는 거죠. 대학에서는 구체적으로 밝히기를 꺼려합니다.

서울시립대 사례를 보면 충분히 그 차이를 유추할 수 있습니다. 중상위권의 다른 대학도 이와 다르지 않습니다. 다음 표를 보면 인문계열 기준 일반고(2.0), 자사고(3.2), 특목고(4.2)입니다. 자연계열을 보면 일반고(2.1), 자사고(3.3), 특목

학생부종합전형 고교 유형별 교과성적 차이(서울시립대 사례)

계열	구분	평균 교과성적	표준편차
인문	인문계열 전체	2.5	1.027
	일반고	2.0	0.458
	자사고	3.2	0.566
	특목고	4.2	0.717
자연	자연계열 전체	2.4	1.061
	일반고	2.1	0.453
	자사고	3.3	0.914
	특목고	6.1	0.654
	기타(특성화 등)	2.5	0.000
예체능	예체능계열 전체	3.7	0.955
	일반고	3.5	1.073
	특목고	4.0	0.040

주) 2019학년도 학생부종합전형 최종 등록자 기준
출처: 김병욱 국회의원(2019). '학생부종합전형 어떻게 준비해야 하나?' 토론회 자료집.

고(6.1)입니다. 일반고와 특목고와의 차이를 확연하게 보여주는 지표입니다. 서울 소재 중위권 대학을 기준으로 대체로 이 정도라고 보면 됩니다.

고등학교에서 성적이 좋은 학생들 위주로
학생부종합전형 관리를 해주는 것이 맞나요?

대부분의 고등학교에서 성적이 좋은 학생들 위주로 학종 관리를 해주고 있다는 말은 사실입니다. 이 질문에 NO라고 대답하는 교사나 학생도 있을 수 있습니다. 다만 극히 일부분이고 아마 일반 공립고에 다닐 확률이 높습니다. 대부분의 자사고/특목고, 사립학교, 심지어 많은 공립고 선생님들에게도 성적이 좋은 학생들 위주로 학종을 관리해주어야 한다는 개념이 자리잡혀 있습니다.

가령 고등학교의 '세부능력 및 특기사항' 란에는 '특기할 만한 사항이 있는 과목 및 학생에 대하여 과목별 성취기준에 따른 성취수준의 특성 및 학습 활동 참여도 등을 문장으로 입력한다.'라고 되어 있습니다. 요즘에는 형평성의 문제가 있어 모든 학생에게 써주는 경우도 있지만 예전에는 성적이 좋은 학생들에게 주로 주어지는 특권 같은 것이었습니다. 고등학교에서는 성적이 우수한 학생에게는 '세부능력 및 특기사항'에 특기사항을 만들어 넣고, 독서활동 내역과 특기할 만한 사항을 만들어 넣는 것이 기본입니다. 일반 교사들이 성적이 우수한 학생들의 세특 관리를 꼼꼼하고 특별하게 하지 않으면 학생부 관리를 제대로 하지 않았다고 질책받는 경우도 다반사입니다. 전교 상위권 아이들이 교무실에서 선생님과 함께 학생부를 작성했다는 뉴스는 새삼스러운 이야기도 아닙니다.

학종도 내신성적 순이라 생각해도 됩니다.

학생부종합전형 원칙에는 "고1 1학기 내신을 망치면 학종은 물 건너 갔다."라는 이야기도 있습니다. 학교나 담임선생님의 관리 대상에서 벗어났다는 이야기입니다. 실제로 고1 1학기 내신과 그때의 학종 관리 상태나 능력 등이 3학년 1학기까지 계속 이어지는 경우도 많습니다. 그래서 학종은 고1 1학기 때 결정된다는 말을 명심해야 합니다. 고1 성적을 토대로 대부분의 고교에서는 '특별반'을 운영합니다. 성적 좋은 소수의 학생들에게 별도의 자율학습공간을 만들어주거나 '과학중점반' 등의 명목으로 사실상의 우열반을 편성해 운영합니다. 학종을 위한 학생부 특별관리도 이러한 특별반을 중심으로 이루어지는 경우가 많습니다.

그러나 이것은 상위권 대학에 관한 것이지 모든 대학에 적용되는 것은 아닙니다. 1학년 1학기는 못했더라도 학년이 올라갈수록 성적이 꾸준하게 상승했거나 최상위권은 아니지만 꾸준한 성적을 내면서 비교과 관리를 잘한 학생들이 학종을 통해 대입에 성공한 사례도 꽤 있으므로 고1 1학기 성적이 좋으면 더욱 바람직하겠지만 그렇지 않다 하더라도 길은 얼마든지 있습니다. 단지 목표대학이나 목표하는 학과가 관건인 것입니다.

학교를 차별적으로 평가한다는
고교프로파일이 무엇인가요?

대학에서 학생부종합전형으로 학생을 선발할 때 중요하게 참고하는 자료가 바로 고등학교에 대한 정보를 담은 '고교프로파일'입니다.

"입학사정관이 지원자의 교육환경에 대한 객관적 판단의 근거 자료로 고교의 정보를 활용할 수 있도록 만들어졌습니다. 고교프로파일을 참고하는 이유는 학생이 자신의 의지와 관계없이 주어진 교육환경 때문에 평가를 낮게 받는 것을 방지하기 위해서입니다(6개 대학 입학사정관)."

대학에서는 이것을 공정성 확보 시스템이라 이야기하는데 사실 이 고교프로파일 때문에 자신의 실력과 상관없이 일반고 학생들이 매우 차별을 받고 있습니다. 일부에서는 고교등급제 운영과 다를 바가 없다고 간주합니다. 교육내용이나 프로그램에 따라 정성적으로 평가하는 것이 학종입니다. 같은 교과성적이라 하더라도 똑같지 않다는 것을 강조합니다. 더 우수하고 차별화된 프로그램에서 교육받은 경우 지원자의 환경에 따라 높게 평가받는 겁니다. 교육과정에서는 심화과목 개설 여부, 고난도 프로그램 운영 여부 등 특목고, 자사고 등에서 운영 중인 커리큘럼에 보다 많은 점수를 주고 있다고 인식됩니다.

교육부의 학생부종합전형 실태조사 결과 출신 고교 후광효과를 차단하기 위한 조처로 고교프로파일 전편 폐지를 선언(2019.11.28.)했지만 대학 입시 현장에서는 지속될 수밖에 없습니다.

대학에서 고등학교에 대한 어떠한 정보를 알고 싶어 할까요?

대학은 고교프로파일 내용 중에 기본정보인 고교유형(일반고/자사고/특목고/영재고 등), 모집단위(지역/광역/전국), 선발방식(추첨/선발), 기숙사 운영 여부 등을 살펴봅니다. 이 정도만 파악하면 고등학교와 학생의 수준을 알 수 있거든요.

다음으로 동아리 운영사항, 시상내역, 교과중점학교, 심화과목 개설/운영 등도 상황에 따라 필요한 정보이지만 크게 중요하게 생각하지 않는 듯싶습니다. 대학에서는 교육과정 목표와 운영방침, 교과별 교육과정 특성, 운영현황 등을 관심 있게 본다고 홍보하지만 팩트는 그것이 아니라는 것을 알아야 합니다.

자사고, 특목고 진학부장들은 상위권 대학에 최근 대학진학 현황, 업그레이드된 고교프로그램, 고교 특기사항 등의 정보를 가지고 해당 고등학교가 우수하다는 것을 홍보하러 갑니다. 학종에서 대학이 일반계 고등학교와 학부모에게 가장 솔직하지 못한 것 중의 하나가 바로 고교프로파일 활용입니다.

주요 교과목 이외에도 예체능, 기술·가정, 제2외국어 과목의 성적도 평가에 반영되나요?

학생부교과전형에서는 모집요강에 정확한 반영 교과 과목을 제시합니다. 대부분 인문계열은 국어·수학·영어·사회 교과, 자연계열은 국어·수학·영어·과학 교과의 세부과목 내신등급으로 정량적인 평가를 하고 있습니다. 그러나 학생부종합전형에서는 학생이 가진 특성을 파악하고 학생의 학교생활 충실성을 반영하여 평가하기 때문에 교과학습발달사항의 모든 내용이 평가에 활용됩니다. 크게 3가지 축으로 이루어진다고 보면 됩니다.

첫째, 소위 국, 영, 수의 주요 교과과목입니다. 대학에서의 수학능력을 판단하는 평가요소 중 가장 중요한 학업역량을 판단하는 가장 중요한 기준입니다.

둘째, 전공 관련 과목입니다. 전공적합성을 판단하는 기준으로, 주요 과목에

준하는 정도의 중요성을 가지고 있다고 생각하면 됩니다.

학종은 모든 과목 특히 주요 과목, 전공과목 등이 우수해야 합니다.

셋째, 기타 과목입니다. 학교생활의 충실성 등을 판단하는 자료가 됩니다. 모든 입시가 상대평가이다 보니 다른 평가요소들이 비슷하다면 기타 과목까지 잘하는 사람을 선호하겠죠. 그렇다고 대학 측이 이야기하는 것처럼 주요 과목들과 같은 비중을 둘 필요는 없습니다. 기타 과목에서는 전반적으로 무난한가, 지나치게 소홀함을 보이지는 않았는가 정도를 체크하고, 주요 과목이나 전공 관련 과목에 선택과 집중을 하는 것이 좋습니다.

일부 최상위권 대학의 경우에는 전 교과성적에 대한 합격 커트라인이 분명히 존재한다는 사실을 염두에 두고, 학종을 대비할 때는 어느 한 과목도 소홀함이 없도록 공부를 하는 것이 바람직합니다.

지나치게 비중은 두지 말고 다음을 참고하기 바랍니다.

"주요 과목의 성적은 아주 우수한데, 기술·가정, 체육·음악·미술 등 예체능 과목의 성적이 상대적으로 너무 낮은 경우에는 학생의 학업태도에 의문을 품을 수 있습니다. 자신에게 유리한 과목만 공부하거나 자신의 흥미에 따라 좋아하는 과목만 공부했을 수 있다고 생각해서 대학 입학 후에도 이러한 학업태도가 나타날 수 있다고 평가하게 됩니다. 또한 성실성은 학교생활에 얼마나 충실히 참여했는지의 정도가 가장 중요한 기준이므로 이런 측면에서 학생의 성실성을 의심해볼 수 있습니다. 제2외국어, 한문, 체육·음악·미술 등의 교과목은 전공에 따라 전공적합성에서 평가되기도 합니다. 예를 들어 불어불문학과, 일어일문학과 등의 외국어계열 전공에서는 학생이 이수한 제2외국어의 성취도를 주요 과목 성취도와 함께 살펴봅니다. 사학과의 경우 한문 성취도도 중요합니다. 아동학과와 같은 전인적 교육과 관련된 전공에서는 예체능 과목도 중요하게 평가됩니다(6개 대학 입학사정관)."

Q7

최고 수준의 학생부종합전형 합격자의
스펙은 어느 정도인가요?

"학생부종합전형 평가에서 단순히 수상의 양에 따른 유불리를 말할 수는 없습니다. 또한 2019년도 고등학교 1학년부터는 대입에 제공되는 수상경력 개수가 학기당 1개로 제한되므로 수상 개수에 따른 학교별 편차는 점차 사라질 것으로 예상됩니다(6개 대학 입학사정관)."

"봉사시간이나 실적이 많다고 해서 평가에서 무조건 좋은 점수를 받는 것은 아닙니다. 수백 시간의 단순한 봉사활동은 오히려 감점요인이 될 수 있으며……(한국대학교육협의회)."

입학사정관들의 일관된 답변이 "교내상 수상 개수, 봉사활동 시간, 동아리활동 시간 등에 있어서 양은 중요하지 않다."입니다. 하지만 학종을 통해 대학에 합격

최근 5개년간 서울대학교 수시 입학생 스펙 현황[18] (단위: 평균)

학년도	봉사활동 시간	동아리활동 시간	교내상 수상 개수
2015	129	107	23
2016	129	110	25
2017	135	113	27
2018	140	112	30
2019	139	108	30

주) 최종등록자 중 학생부 온라인 수신 제공 동의자 기준
출처: 더불어민주당 김병욱 의원실 제공(2019.9.)

한 학생들의 학생부 특징은 수상 개수, 봉사시간에 있어서 양과 질을 모두 만족시킨 경우가 대부분입니다. 위 표의 최근 5개년간 서울대 수시 입학생 스펙 현황을 보면 2019학년도 서울대 수시합격생들의 평균 봉사활동 시간은 139시간인 것으로 나타났습니다. 국회 정무위원회 소속 더불어민주당 김병욱 의원이 서울대로부터 받은 '2019학년도 서울대 수시합격생 현황'에 따르면, 봉사활동 시간이 가장 많은 합격생은 489시간이었습니다. 400시간이 넘는 학생은 6명으로, 하루 평균 4시간씩 봉사활동을 했다고 가정할 경우 100일 이상 봉사활동을 한 셈이 됩니다. 동아리활동 시간의 경우 평균 108시간이었고, 동아리활동 시간이 가장 많은 합격생은 374시간이었습니다. 교내상 수상의 경우 평균 30개를 받은 것으로 나타났고, 가장 많이 받은 합격생은 108개를 받은 것으로 파악되었습니다.

서울대 수시 입학생 평균 동아리활동 108시간, 평균 교내상 30개

---

18 연합뉴스(2019.9.15.). 김병욱 "2019 서울대 수시합격생 평균 봉사활동 139시간" 기사를 참고하여 정리함.

2018학년도 수시합격생 평균과 비교하면 봉사활동 시간과 동아리활동 시간은 각각 1시간, 4시간이 줄었지만, 평균 교내상 수상에는 차이가 없었습니다. 김병욱 의원은 "2014년 도입된 학생부종합전형은 장점도 있지만, 여전히 스펙 쌓기, 깜깜이·금수저 전형이란 오명과 공정성에 대한 국민 불신이 높다."며 "최대한 구체적 정보가 일부 입시학원이 아닌 일반 학생들과 국민들에게 제공돼야 한다."고 말했습니다.

Q8

학생부종합전형에서 수능최저학력기준의
의미와 역할을 알고 싶어요

학생부종합전형 수능최저학력기준이 적용되는 상위권 대학은 서울대, 고려대, 이화여대, 서울교대, 홍익대 5개 대학 정도입니다. 건국대, 경희대, 동국대, 서강대, 서울대, 서울시립대, 성균관대, 숙명여대, 연세대, 인하대, 중앙대, 한국외대, 한양대 등 대부분의 대학에서는 학종에 수능최저학력기준을 적용하지 않습니다. 그렇다면 입시 전략을 세울 때 수능최저를 배제한 상태에서 전략을 세워야 할까요? 가장 위험한 생각입니다. 수능최저 미적용 전략은 수능성적이 전혀 나오지 않는 경우 등 극히 제한적일 경우에만 고려해야 합니다. 학생들이 수능에 자신이 없는 상황에서 수능을 포기하여 학종 최저학력기준도 충족하지 못하는 경우가 대부분입니다. 학종의 가장 큰 문제점은 소위 깜깜이 전형, 로또 전형이라 하여 예측이 안된다는 것입니다. 학생들은 비교할 수 있는 사례가 없고, 진학담당선생님들이나 심지어는 사교육종사자인 입시 컨설턴트들도 안정적으로 합격한다고 보장을 할 수 없는 전형입니다.

　학종은 교과, 비교과, 수능까지도 잘 보는 학생들을 뽑는 전형이라고 보면 됩니다. 그래서 학생부가 우수한 학생은 대부분 수능 준비를 함께하는 것이 일반적이고 수능최저학력기준을 활용하면 선택의 범위가 넓어지게 되는 겁니다. 대학 입시에서 쉽게 갈 수 있는 방법은 없습니다.

학생부종합전형 수능최저학력기준

대학	전형	모집단위	수능최저학력기준
고려대	일반	인문계	국/수/영/사과(1과목) 합이 6등급
		자연계	국/수/영/과(1과목) 합이 7등급
	학교추천II	인문계	국/수/영/사과(2과목) 중 3개 합이 5등급
		자연계	국/수/영/과(2과목) 중 3개 합이 6등급
서울교육대	교직인성 우수자	초등교육학과	국/수/영/사과(2과목) 합이 9등급
서울대	지역균형	인문사회계열	국/수/영/탐 중 3개 영역 2등급
		자연과학계열	국/수/영/과 중 3개 영역 2등급
이화여대	미래인재	인문계열	국/수/영/사과(1과목) 중 3개 합이 6등급
		자연계열	국/수/영/과(1과목) 중 3개 합이 6등급
		스크랜튼학부(인문)	국/수/영/사과(1과목) 중 3개 합이 5등급
		스크랜튼학부(자연)	국/수/영/과(1과목) 중 3개 합이 5등급
홍익대	학교생활 우수자	인문계열	국/수/영/사과(1과목) 중 3개 합이 7등급
		자연계열	국/수가/영/과(1과목) 중 3개 합이 8등급

주) 각 대학에서 발표한 '2021학년도 대학입학전형 기본계획'에 근거함.
　　각 대학에 지원할 때 해당 대학의 모집요강을 반드시 확인해야 함.

Q9

학생부종합전형은 사설 입시 컨설팅을 받는 것이 유리한가요?

한국대학교육협의회나 대학의 입학사정관에게 물어보면 답은 당연히 정해져 있습니다.

"학종은 개개인별 역량과 성장가능성, 적성 등 개인적 특성에 따라 준비하기 때문에 사설 입시학원의 컨설팅을 통하여 준비될 수 있는 것들이 아닙니다. 사설 입시학원의 컨설팅은 오히려 지원자에게 잘못된 정보나 안내를 줄 수 있다는 점에 유의하기 바랍니다. 특히 서류검증 절차에서 표절이나 대필이 확인되는 경우 불이익을 받을 수 있기 때문에 사설 학원의 컨설팅은 하지 않는 것이 좋습니다(한국대학교육협의회)."

학종을 금수저 전형이라고도 하죠. 학생은 공부만 하고 학부모의 조력이나 사교육비로 비교과를 만든다는 이야기도 있습니다. 실제로 사설 입시 컨설팅 업체는 입시 컨설턴트가 매회, 월간, 년간 관리를 해주며 전반적인 플랜부터 비교과의 체크사항까지 입시 코디를 합니다. 대개 시스템이 오픈되고 금액이 정해져 있지만 그 이면에는 다양한 이면 계약이 있기도 합니다. 금액에 따라 서비스의 내용이 크게 달라지는 것도 아닌데 학생과 학부모에 따라 금액을 달리 받기도 합니다.

실제로 사설 입시 컨설팅을 받는 것이 유리할까요?

당연히 유리하겠죠! 학종은 실력 못지않게 정보도 중요하고 학생부를 관리하고 디자인하려면 학기 중 세밀한 관리도 필요하고 전략도 필요합니다. 하지만 실제로 컨설팅 업체가 제공하는 정보가 특별하거나 대단한 내용은 아닙니다. 그리고 합격의 특별한 비밀병기가 있는 것도 아닙니다. 가장 중요한 것은 제때에 적절하게 체크해주고 관리해준다는 것입니다. 학생들이 수행평가, 시험, 동아리활동 등 다양한 활동으로 타이밍을 놓치는 것을 파고드는 겁니다. 그것만 제대로 할 수 있다면 굳이 비싼 비용을 낭비할 필요가 없습니다. 정보에 관심만 가지고 있으면 됩니다. 좋은 정보를 얻을 곳은 주변[19]에 많습니다.

특히 자기소개서 표절 문제 등은 오히려 입시 컨설팅 회사에서 발생하는 경우가 많습니다. 컨설팅 회사에 소속된 직원이나 대학생 알바생이 입시철에 몰려드는 대필 의뢰로 돌려막기하여 유사도 검사 적발 사례가 발생하는 경우도 있습니다.

---

19 p. 156~158의 PART 3 'Q20 대입 정보는 어디에서 얻을 수 있나요?' 참조.

Q10

입학사정관들은 학생이 제출한 서류를
모두 읽고 평가하나요?

"지원자가 제출한 서류에는 학교생활기록부, 자기소개서, 교사추천서가 있습니다. 학교생활기록부에는 지원자의 고등학교 3년간의 기록이 담겨 있는데, 여기에는 교과성적을 포함하여 수상경력, 창의적 체험활동 등이 꼼꼼하게 기록되어 있습니다. 하지만 이러한 기록들을 지원자들의 상황에 맞게 평가하기 위해서는 반드시 자기소개서나 교사추천서를 자세히 읽게 됩니다. 지원자의 학년별/과목별 교과성적 추이와 그 이유, 동아리활동이나 진로활동 선택 이유, 봉사활동에서 느낀점 등을 확인함으로써 학생부종합전형의 종합적인 평가가 완성되기 때문입니다 (한국대학교육협의회)."

대학의 대답은 정해져 있습니다. 특히 홍보를 담당하는 입학사정관들은 지원자들의 서류를 한 글자도 빠뜨리지 않고 다 읽는다고 강조합니다. 하지만 학종에 대한 전문적인 연구에서조차 학종 개선사항으로는 빠짐없이 입학사정관의 전문성과 입학사정관 수의 부족을 해결해야 한다고 이야기합니다. 실제 학종으로 지원하는 응시자 수와 입학사정관 수를 심사 기간과 연계시켜 계산해보면 꼼꼼하게 읽을 수 없다는 것을 쉽게 알 수 있습니다. 예전에는 우선 학교생활기록부가 몇 페이지인가로 1차 판별한다는 것이 정설이었습니다.

일부 대학에서 서류평가시간이 5분 미만인 경우가 전체의 35%(2019. 11. 28. 발표)

숙달된 입학사정관들은 대략 봐도 그 깊이를 알 수 있습니다. 깊이 있게 읽어야 하는 학생부, 자기소개서와 읽을 필요성을 느끼지 못하는 것들을 쉽게 판단할 수 있습니다. 하지만 요즘 평가자의 고민은 각 고등학교에서도 입학실적 등을 고려하여 학생부가 모두 뛰어난 상태이고, 모범 학생부를 공유하여 거의 비슷하다는 데 있습니다.

이현 우리교육연구소장은 한 인터뷰[20]에서 입학사정관들이 지원자가 제출한 서류를 제대로 읽지 못하는 이유를 구체적으로 밝히고 있습니다.

"대학이 정말 공정하게 학생들을 다면적으로 평가할 수 있을지에 대해 오래 고민해봤다. 결론은 '무척 회의적이다.'였다. 학종 관련 자기소개서는 5,000자, 그밖에 검토해야 할 서류는 A4용지 기준 20~30장에 달한다. 이런 막대한 양의 서류를 꼼꼼히 다면적으로 평가하려면 대략 어느 정도의 시간이 필요할 것 같나? 서

---

20 Weekend Interview(2019. 2. 23.). 강남 1타 강사에서 교육개혁 전도사로 변신 이현, 우리교육연구소장.

울시내 모 사립대를 예로 들면 전임 입학사정관 수는 15명, 위촉사정관이라 불리는 비전임 입학사정관은 60명이었다. 당시 학종 지원자는 약 1만 3,000명이었는데, 이 대학의 학종 전형기간은 주말과 공휴일을 제외하면 30일이었으니까 결국 입학사정관 1명당 하루에 5.7명을 평가해야 했다. 그런데 한 학생을 입학사정관 1명이 평가할 수는 없지 않은가? 입학사정관 3명이 한 학생의 서류를 중복 검토한다고 가정하면 입학사정관 1명당 하루에 17명 이상을 평가해야 한다. 일일 8시간 근무를 기준으로 했을 때 한 학생에 대해 입학사정관이 투입할 수 있는 시간은 30분도 안 되는 셈이다.”

Q11

입학사정관의 전문성은
신뢰할 수 있나요?

"평가의 모든 단계에서 입학사정관의 전문성을 확보함으로써 공정한 평가가 이루어지도록 노력하고 있습니다. 고교에 대한 이해 및 학교생활기록부에 대한 이해도를 높이기 위한 교육·훈련, 모의평가 등 대학마다 입학사정관들의 전문성 강화를 위한 교육 프로그램을 운영하고 있으며, 고교와의 지속적인 연계 활동을 통해 빠르게 변화하는 교육 현장을 제대로 이해하고 평가에 임할 수 있도록 노력합니다(6개 대학 입학사정관)."

실제 상황도 그럴까요?

학종의 성공 여부를 결정짓는 가장 중요한 요소 중 하나가 입학사정관의 전문성이라 할 수 있습니다. 공정성 역시 입학사정관의 전문성이 전제되어야만 가능합니다. 하지만 각종 전문 연구(건국대 외, 2018; 김용기, 2017; 경기도교육원, 2017;

차정민, 2016)에서도 입학사정관의 전문성을 걱정합니다. 입학사정관의 전문성을 확보하지 못하는 이유는 대부분의 입학사정관이 1년 단위의 짧은 계약 기간에 열악한 보수로 활동하기 때문이라고 할 수 있습니다. 때문에 대학은 숙련된 전임입학사정관 몇 명을 간판 삼아 홍보를 담당하게 하며 이러한 문제점을 대외적으로 숨기고 있습니다. 심지어 입학사정관들이 입시의 기본 상식은 물론 소속대학의 입시전형에 대하여 제대로 파악하지 못하는 경우도 상당하다고 합니다.

입학사정관 전문성 강화를 위해 위촉입학사정관 교육 이수 시간이 상향됩니다.

대학교수들을 입학 시즌에 일시적으로 결합시키는 위촉입학사정관의 전문성은 더 떨어질 수밖에 없다는 것입니다. 해당 전공에 대해서는 누구보다도 잘 알 수 있을지 모르지만 학생부에 대한 파악이나 고등학교 교육과정 등을 제대로 이해하지 못한 채 일시적인 이합집산식으로 운영되는데 '그 많은 지원자들 가운데 인재를 찾아낼 수 있는 전문성이 그 짧은 시기에 확보될 수 있을까?'라는 의구심과 공정한 심사에 회의적인 눈초리를 보내는 것은 당연할 수밖에 없는 현실입니다.

입학사정관인 차정민(2016)에 따르면 "입학사정관의 전문성에 대해서 끊임없이 문제가 제기되고 있다. 각 대학들은 일부 입학사정관들을 정규직 또는 무기계약직으로 채용하여 평가의 안정성을 추구하였지만, 아직까지 각 대학별 전임 입학사정관의 숫자는 선발 인원에 비해 충분하지 못하고 전체 입학사정관의 신분 안정화 비율이 높지 않다. 또한 평가의 많은 부분을 담당하는 교내외 위촉사정관에 대한 교육훈련이 충분하지 않는다는 지적을 받는 등 입학사정관의 전문적 평가에 대한 대책 마련의 목소리가 높다."고 합니다.

Q12

출신 고교 블라인드 평가를
시행한다고 하는데 제대로 될까요?

　그동안 블라인드 면접을 했지만 눈 가리고 아웅하는 격이었습니다. 각 대학에서는 대입의 공정한 경쟁, 투명성 제고, 균등한 기회의 보장을 위하고 개인적 배경보다는 특기, 역량, 잠재력에 집중하여 평가한다고 이야기합니다. 물론 성명, 수험번호, 출신 고교명, 사진 등을 블라인드 처리하죠. 면접 시 교복착용 금지도 의무화하고요. 완전히 형식적인 겁니다.

　면접은 대개 2가지 형태로 이루어집니다. 학생부나 자기소개서 등 제출서류 확인 면접과 출제 문항 면접의 형태입니다. 학생부에서 아무리 학교명이 드러나는 내용을 가린다 해도 이미 서류평가에서 고교프로파일을 활용하여 평가하고 학생부에는 교과 교육과정이나 고교 인재상 등이 들어 있어 출신고교를 따지지 않고 학생부만을 기반으로 하는 면접은 시스템 상으로 도저히 불가능합니다. 이러한 사실은 각종 연구보고서나 각 대학들도 모두 인정하고 있습니다.

평가의 공정을 높이기 위해서는 형식적인 블라인드 면접보다는 평가 절차와 결과의 공개를 통해 공정성과 신뢰성을 높여야 합니다.

최근 그동안의 출신고교 후광효과를 차단하고자 2021학년도부터는 고교프로파일을 없애고 면접뿐 아니라 서류 블라인드까지 실시한다고 합니다. 이렇게 하면 다소의 효과는 발생합니다. 고교등급제와 고교프로파일로 출신학교 후광을 입는 것이 어느 정도 해소될 것으로 보입니다. 물론 특목고와 일반고는 교육과정이 다르기 때문에 교육과정을 보고 학교 유형을 구분하는 것은 가능합니다. 하지만 구체적인 학교명을 알아내기는 좀 더 어려울 수 있습니다. 교육과정이 일반고와 큰 차이 없는 자사고와는 구분이 힘들어지고, 강남과 강북의 일반고 구분은 거의 불가능하게 됩니다. 지역 명문고와 강남, 분당 등 지역 강자를 자처하는 고등학교가 불리할 수도 있을 것입니다. 하지만 고교등급제를 고교프로파일 활용이라는 이름으로 바꿔 공식적으로 활용하며 분석까지 하면서 공정성 문제가 제기되니까 대외적인 비난 회피용으로 만든 것이라 실효를 거둘지는 의문입니다.

Q13

회피 · 제척 시스템이
무엇인가요?

○○대학교 대학입학전형 회피·제척 제도 운영 지침 제정

제2조(정의) ① "회피"는 수험생과 특수한 관계를 가진 입학사정관이나 교직원 등이 스스로 평가 및 관리 업무에 참여하지 않고 피하는 것을 말한다.

② "제척"은 수험생과 특수한 관계를 가진 입학사정관이나 교직원 등을 평가 및 관리 업무에서 배제하는 것을 말한다.

③ "특수한 관계"는 배우자, 형제, 자녀, 친인척(4촌 이내) 및 지인 등을 포함한 모든 지인 중에서 평가의 공정성과 객관성을 해칠 수 있다고 판단되는 사람을 말한다.

회피·제척 시스템은 대학 입시에서 수험생이 자녀이거나 4촌 이내 친·인척인 경우 해당 입학사정관, 입학사정 담당 교직원을 입학사정 업무에서 제외할 수 있도록 하는 것입니다. 한국대학교육협의회가 운영 중인 이 시스템은 대학 입학의 공정성과 신뢰성 확보를 위해 2011년에 처음 도입되었습니다. 이후 상당수의 대학이 이용하였으나 2013년 8월 개인정보 보호법이 '법령에서 구체적으로 허용한 경우를 제외하고는 주민등록번호와 같은 개인정보를 수집·처리할 수 없도록' 개정돼 2014년 8월부터 시행되면서 회피·제척 업무 수행에 필요한 입학사정관이나 교직원의 주민등록번호를 수집하는 것은 위법소지가 있다고 하여 각 대학이 대교협의 회피·제척 시스템 사용을 꺼리게 됐고 결국 폐지에 이르렀습니다. 이런 상황에서 2017년 감사원 감사 결과 대입전형에서 입학사정관의 자녀가 수험생으로 해당대학에 응시했으나 회피·제척되지 않은 사례와 자녀가 수험생인 교직원이 회피·제척되지 않은 사례가 발견되기도 하고, 학생부종합전형에서 불공정성 등의 문제가 꾸준히 제기되었습니다. 2018년 8월 발표한 2022 대입개편안에서 대입 공정성을 높이기 위해 다수 입학사정관 평가와 회피·제척을 의무화하기로 하였으므로 법제화로 인해 실질적인 학종 공정성 제고가 다소 가능해질 것으로 보입니다.

Q14
학생부종합전형 선발 절차 및
평가방법에 대해 알고 싶어요

학종의 학생 선발 절차는 대학이나 전형방법에 따라 약간의 차이가 있을 수 있으나 대부분 '사전공지', '서류평가', '면접', '최종선발'의 4단계를 거치는 것이 일반적입니다. 가장 먼저 '사전공지' 단계에서는 전형의 취지, 지원자격, 선발기준 및 방법과 제출서류 등에 대해 학생과 학부모 그리고 교사들에게 안내하며, '서류평가' 단계에서는 학생이 제출한 서류(학교생활기록부, 자기소개서, 교사추천서, 지원자격 관련 서류 등)를 토대로 지원자격 및 서류평가를 진행하고 서류평가 통과자를 결정하게 됩니다. 일부 대학의 일부 전형에서는 서류평가만으로 합격자를 결정하는 경우도 있습니다. '면접' 단계에서는 제출된 서류에 대한 내용을 확인하고, 학생의 기초학업능력, 전공적합성, 문제해결능력, 창의성, 리더십, 봉사정신 등 학생의 특성과 교육환경에 대한 심층적인 면접을 진행하게 됩니다. '최종선발' 단계에서는 각종 위원회의 심의과정을 거치며 최종 합격 여부를 결정하게 됩니다(한국대학교육협의회). 이러한 전형 절차와 함께 학종은 정성적 종합평가, 다수에 의한 다단계 평가로 진행되는데, 이 점이 학종의 특성이기도 하고 이로 인해 공정성 확보가 중요한 이슈가 되기도 합니다.

학종의 학생선발 절차는 대부분 '사전공지', '서류평가', '면접', '최종선발'의 4단계를 거칩니다.

학종의 학생선발 과정은 종합평가 방식을 띠고 있기 때문에 평가자의 주관이 개입될 여지가 있다는 우려도 있습니다. 대부분의 대학이 한 명의 지원자를 다수의 입학사정관이 여러 단계에 걸쳐 체계적으로 평가하는 '다수의 평가자에 의한 다단계평가' 시스템 운영방식을 사용하여 공정성과 타당성을 확보하려고 노력하고 있습니다.

"충분한 준비과정을 통해 평가기준을 마련하고, 다수의 평가자가 여러 단계를 거쳐서 평가하고 협의하는 방식으로 평가의 신뢰성과 공정성을 확보하고 있습니다. 다수의 평가자가 전형 준비에서부터 최종 합격자 선발까지 여러 단계에 걸쳐 평가, 협의, 검토하는 과정을 통해 합격자를 결정합니다. 각 단계별로 다수의 평가자가 참여하기 때문에 한 개인의 주관으로 평가할 수 있는 여지를 배제하고 있습니다. 평가에는 전임입학사정관과 각 단과대학 교수님들로 구성된 위촉입학사정관이 참여하여 5단계의 과정을 거칩니다(서울대학교, 2020.)"

다음은 서울대학교의 다수-다단계 평가 시스템을 나타낸 것입니다.

다단계 평가 시스템(예시)

단계	명칭	내용
1	준비단계	• 입학사정관 교육과 사전 모의평가를 통해 서류평가 준비 • 우수성 지표 파악, 공정한 평가방안 모색
2	전임입학사정관 1단계 평가	• 제출한 서류를 종합적으로 평가 • 면접에서 확인해야 할 사항, 지원자 관련 평가서 작성
3	전임입학사정관 2단계 평가	• 다른 전임입학사정관이 1단계 평가와 동일하게 평가 • 2단계 평가자는 독립적인 평가 진행
4	1, 2단계 평가결과에 대한 검토 및 조정	• 평가결과를 비교하고 검토 • 평가결과가 일정 수준 이상 상이한 경우 조정
5	위촉입학사정관 평가	• 모집단위의 교수들로 구성된 위촉입학사정관이 평가 • 1, 2단계 평가를 참고하여 최종 결과 도출
6	최종평가	• 평가위원회에서 평가결과를 최종 확인하고 결정 • 동일한 지원자에 대해 2~5단계 평가결과가 상이한 경우, 평가결과를 검토하여 최종적으로 확정

출처: '2021학년도 서울대학교 학생부종합전형 안내 내용' 중 정리하여 재구성함.

Q15

학생부종합전형에서 평가요소란
무엇인가요?

"입학사정관제 도입 초기, 각 대학은 대학별 선발 원칙에 맞춰 자율적으로 전형을 설계하고 운영하였습니다. 대입전형 운영과 재정지원사업을 주관하는 한국대학교육협의회는 제도 도입 초기, 전형 운영의 혼란을 막기 위해 전형에 대한 가이드라인을 마련하였습니다(차정민, 2016)."

입학사정관제가 처음 도입될 당시 '입학사정관제 공통운영기준'은 대학의 자율성 존중, 책무성 중시, 고교교육과의 연계, 공정성 및 신뢰성 확보를 원칙으로 삼고, 입학사정관 전형의 구성 원칙, 평가요소 및 방법, 전형 운영 절차(다수·다단계 원칙), 입학사정관의 확보 및 운용 등에 공통기준을 제시하여 이 제도가 안정적으로 정착될 수 있도록 기본적인 원칙과 운영 방향을 설정하였습니다.

초기 입학사정관제 운영 공통기준에 따르면 평가요소에 따른 평가기준은 학업의지 및 전공적합성, 창의성, 인성, 학업성취도, 성장잠재력 및 발전가능성(한국대학교육협의회)이었으나 건국대 외 5개 대학은 학생부종합전형 운영 공통기준과 용어표준화 연구에서 각 대학의 서류평가요소를 학업역량, 전공적합성, 인성, 발전가능성의 4가지로 공통화하였습니다.

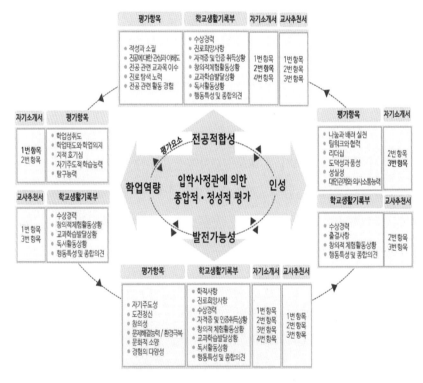

전형방법과 전형요소 공통안

출처: 건국대학교 외. 학생부종합전형 운영공통기준과 용어표준화 연구. p.69.

Q16

학생부종합전형에서 학업성취도를 정성적으로 평가한다는 것이 무슨 의미인가요?

학생부종합전형에서 학업성취도는 주로 교과성적과 교과 세부능력 및 특기사항을 중심으로 이루어집니다. 학종은 모든 역량을 정성적으로 평가하는 특성을 가지고 있습니다. A학생과 B학생이 모두 2.5의 내신성적을 가지고 있다고 하더라도 똑같이 평가하지 않는다는 겁니다. 똑같이 평가하는 경우를 학생부교과전형이라고 합니다. 학종에서는 심지어 내신이 1.5인 학생보다 2.5인 학생이 더 우수하게 평가받기도 합니다. 원점수, 과목평균, 표준편차, 성취도, 수강자 수, 석차등급, 이수교과목 등을 고려하여 다면적으로 평가하는 정성평가 방식으로 평가하기 때문입니다. 과학 과목Ⅱ와 같이 성취기준의 수준이 높아 많은 학생이 꺼려하여 수강자 수가 적은 과목을 수강한 경우에도 눈에 보이는 석차등급은 낮을 수 있으나 교과를 선택하고 수강하는 과정에서 보인 열정, 지적호기심, 자기주도성 등을 높게 평가할 수 있습니다. 따라서 어려운 상황을 피하지 않고 주어진 환경에서 학업적인 성장과 성취를 보일 수 있도록 능동적으로 노력하는 것도 좋은 평가를 받을 수 있는 전략일 수 있습니다.

　여기에는 가장 중요한 다른 의미가 숨어 있습니다. 자사고/특목고, 명문고 등 학교마다 차별적으로 평가하겠다는 겁니다. 자사고/특목고의 내신과 일반고의 내신을 다르게 평가하는 것이죠. 보통의 일반고 입장에서는 이중으로 차별받는 것입니다.

Q17

학생부종합전형 평가의 특성을
알고 싶어요

학종과 관련한 학부모와 학생들의 고민은 학종에 관한 정확한 정보를 얻기도 힘들거니와 힘들게 각종 입시설명회나 대학측에 질문을 해도 시원스럽게 답변을 들을 수 없다는 것입니다. 이것은 학종 평가의 특성 때문입니다.

첫째, 정성평가, 종합평가라는 평가의 주관성과 모호성 속에 모든 사실이 숨겨집니다. 학종은 정량적 평가가 아니라 정성평가와 총체적인 평가를 지향하기에 시행 초기부터 객관성, 투명성, 신뢰성 등의 약화를 지적받아 왔습니다. 성적에 의한 줄 세우기가 아니라 학업역량, 전공적합성, 발전가능성, 인성 등을 종합적으로 판단하여 학생의 잠재력까지 평가할 수 있다는 장점이 있지만 교사에 따라 다르게 기록되는 학교생활기록부에서부터 입학사정관에 의해 이루어지는 대학에서의 평가까지 주관적 평가의 특성 때문에 전문가 평가에 대한 불신과 문제점이 끊임없이 제기되어 왔습니다.

학종의 정성평가, 종합평가의 특징은 장점과 한계점을 모두 포함하고 있습니다.

둘째, 한 가지 평가요소가 여러 가지로 반영되는 것이 맞습니다. 수상경력이나 교과활동의 경우에도 학업역량과 전공적합성에 공통으로 적용될 수 있습니다. 또한 독서활동상황이나 창의적 체험활동상황을 학업역량이나 전공적합성 측면에서 평가할 수도 있습니다.

"예를 들어 어떤 지원자가 확률과 통계 시간에 다양한 상황에서의 경우의 수와 수학적 확률을 구하는 활동을 하며 학급 학생들의 지각횟수를 분석하여 학생별로 피드백을 하였습니다. 평가자는 이 경험을 수업시간에 배운 개념에 대해 호기심을 갖고 깊이 있게 탐구한 모습으로 학업역량으로 평가할 수 있으며, 지원 전공에 대한 관심을 충족시키는 노력으로 전공적합성으로도 평가할 수 있습니다. 또한 급우들에게 분석결과를 피드백하여 학생들의 습관 개선에 기여하였다면 인성으로 평가할 수도 있습니다."

셋째, 대학이나 입학사정관들의 설명은 모든 영역에서 '중요도'에 경중이 없습니다. 가령 '하면 좋다.'와 '꼭 해야 한다.'를 솔직하게 이야기해줘야 하는데, 책임 문제 때문에 "다 중요하다.", "이것도 해야 하고 저것도 해야 한다."라고 이야기합니다. 어쩌면 정확한 이야기인지 모르겠습니다. 학종은 본래 모든 것을 잘하는 완벽한 인간을 추구하는 전형이라는 이야기가 있기 때문입니다. 대체로 입학사정관들은 가이드라인을 정해 놓고 학종 안내를 합니다. 학종의 장점만을 이야기하고 교육적이어야 하며 책임질 이야기는 하지 않습니다. 또한 대학의 홍보 책자에 제시하는 합격 사례들 중에서 믿으면 위험한 것들이 있습니다. 지원자들은 특이한 사례, 홍보용 사례를 가려서 판단할 수 있어야 합니다.

학생부종합전형의 평가는
공정하게 이루어지고 있나요?

학종은 입시부정이 저질러질 수 있는 가장 취약한 입시 시스템이라 할 수 있습니다. 언론에서 다루어지는 불공정 사례뿐 아니라 외적으로 나타나지 않는 많은 불공정 가능성이 존재하며 이러한 내용은 학문적 연구 결과(안선회, 2009; 국가교육회의 2018)로도 나타나고 교육부(2018, 2019)에서도 상당 부분 인정하고 있는 사항입니다. 정부는 대입제도 공정성 강화 방안을 발표(2019. 11. 28.)하며 부모 배경 등 외부 요인 차단, 학교와 교사의 책무성 강화, 평가의 투명성·전문성 강화 방안을 추진하고 있습니다. 다음은 몇 가지 불공정 유형이 발생할 수 있는 요인입니다.

첫째, 정성평가의 특징이 공정성을 담보하기 힘든 구조를 가지고 있습니다. 특정인에게 좋은 점수를 부여해도 막을 수가 없는 구조입니다. 아무리 훌륭한 학생부를 가지고 잘 준비된 학생이라 하더라도 떨어졌을 때 하소연할 길이 없습니다. 고등학교에 따라 지역별, 학교별, 교사별 평가결과의 차이가 너무 큽니다. 학종은 학생의 능력을 평가하는 제도가 아니라 학교의 능력을 평가하는 제도라는 비아냥도 있습니다. 학종은 학생 개인의 능력으로 준비가 가능한 전형이 아니라는 설문조사 결과도 있고, 학생은 공부하고 학부모나 재력이 스펙을 만들어야 성공하는 전형이란 공식도 있습니다.

고교프로파일 폐지, 비교과활동 폐지, 대입정보공개가 강화됩니다.

둘째, 입학사정관의 전문성 문제입니다. 쉽게 이야기하면 입학사정관의 전문성이나 능력은 입학사정관의 처우에 거의 비례한다고 할 수 있습니다. 1년 단위 단기 계약과 최저 수준의 열악한 처우에 높은 자질과 전문성, 도덕성까지 요구하는 것 자체가 모순입니다. 정부는 입학사정관 복수위원 평가 의무화, 1인당 평가시간 확보, 서류평가 시 전임사정관 1인 이상 참여 등을 추진하고 있습니다만 보다 근본적인 대책이 필요해 보입니다.

셋째, 고등학교와 대학에서 각종 청탁과 부정한 방법이 동원될 가능성이 매우 높은데 이에 대한 대책이 없는 실정입니다. 다수·다단계 평가, 회피·제척 시스템, 유사도 검증, 심의위원회 등은 필요조건이지 충분조건과는 거리가 먼 사항입니다. 과거에 수능 점수만을 가지고 입시를 치를 때에도 매년 입시부정이 있었습니다. 하지만 학종은 수능만을 가지고 입시를 할 때와는 비교가 되지 않을 만큼 부정의 요소가 많습니다. 조직적인 입시부정을 용이하게 하는 학종의 특성 때문에 S

여고 사태와 같은 일이 반복되고, 대학에서도 대단위의 부정이 있을 것으로 예상합니다. 자식의 대학진학 문제라면 무슨 짓이라도 하는 우리나라 현실에 TV드라마에 나오는 부정의 형태가 실제로 비일비재할 것이라는 합리적 의심이 가능합니다. 특히 재단이 건전하지 못하다는 평가를 받는 사립고등학교와 사립대학교에서는 그 가능성이 더 크다고 봐야 합니다.

Q19

학생부종합전형의 개선점은
무엇인가요?

학종이 우리나라 입시의 큰 축이고, 이러한 기조는 당분간 변하지 않을 것으로 보입니다. 학종은 특성상 장단점을 함께 내포할 수밖에 없는 전형입니다.

학종을 위한 개선점[21]은 어떤 것이 있을까요? 학종의 시행 취지에는 대부분 공감대를 갖고 있지만 공정성과 신뢰성, 사교육비 절감 등에 대한 사회적 과제를 안고 있습니다. 학종 개선을 위해 우선적으로 고려해야 할 사항과 정책적 시사점을 제시하면 다음과 같습니다.

첫째, 사교육비 경감을 위한 가장 효율적인 방안으로 과다한 학종 비율 해소와 잦은 입시 변경 개선을 꼽을 수 있습니다. 일부 사람들은 정부가 사교육 시장을

---

21 개선점은 필자(장정현)의 고려대학교 석사학위 논문 「학생부종합전형 쟁점 분석 연구」의 내용 중 대입제도 개선을 위한 시사점을 참고하여 정리함.

개척해 준다고도 이야기합니다. 입시전형이 자주 바뀌는 것이 사교육업자 좋은 일을 시켜주는 것이며, 입시가 복잡할수록 사교육을 하는 사람들은 유리합니다. 매년 바뀐다는 생각과 매우 복잡하다는 생각 때문에 학부모들은 입시를 매우 어렵게 생각합니다. 알 만하면 상황이 종료된다고 말하는 경우가 많습니다.

둘째, 학종이 다수의 학생을 위한 전형으로 안착해야 합니다. 고교교육 정상화가 제대로 이루어지려면 학종이 학업성적이 뛰어난 소수 학생들만을 만족시키는 제도가 아니라 중하위권 학생들도 도전해볼 수 있는 전형이 되어야 합니다. 하지만 현재의 학종은 모든 것을 다 잘해야 합격할 수 있는 전형이 되어버렸습니다.

셋째, 학종의 성패는 학종의 공정성에 대한 국민의 신뢰에 달려 있습니다. 공정성, 신뢰성 확보의 시작은 대학의 정보공개를 통한 투명성, 객관성 확보입니다. 대학의 전형기준과 방법, 과정, 결과를 분명하게 밝히는 것이 중요합니다. 또한 학종에 대한 정보 불균형을 해소하기 위해 다양한 정보 제공 방법을 모색해야 합니다.

학종의 성공과 실패는 공정성과 신뢰성 확보에 달려 있습니다.

넷째, 학교생활 평가, 기록의 신뢰성을 확보하는 것입니다. 이것은 모든 전문가들이 중요하다고 주장하는 바입니다. 학생부의 신뢰성에 문제가 되는 다음의 행태를 개선해야 합니다. 먼저 자기 학교 학생들이 대학에 많이 입학할 수 있도록 무조건 잘 써주는 행태입니다. 대표적인 모습이 학생이 써온 것을 그대로 기재하는 방식입니다. 교사별, 학교별, 지역별 차이 문제와 성적이 우수한 학생에게만 모든 비교과를 몰아주는 것에 대한 대책을 세워야 합니다.

다섯째, 소외 계층을 위한 전형으로 발전시키거나 계층 불평등을 해소할 수 있도록 보완되어 형평성을 확보하는 전형이 되어야 합니다. 저소득층 자녀나 소외 계층에 대한 비율을 높여 사회 계층 심화를 해소시키는 데도 큰 역할을 하여야 합니다. 정부는 2022학년도부터는 사회적배려대상자 선발 10% 이상 의무화 및 지역균형 선발 10% 이상 권고를 추진할 예정입니다.

마지막으로 학종의 합리적인 선발비율을 찾는 것은 중요한 문제 해결 방안 중 하나입니다. 학종의 취지를 살리면서 성공적으로 이끌 수 있는 학종 비율에 대한 객관적 시각에서의 체계적인 연구가 필요합니다. 전형 간에 적절한 비율이 정해지고 지금까지의 문제점 분석을 토대로 개선된다면 좋은 제도로 안착할 것이라 확신합니다.

중요한 것은 나에게 유리한 대로 정책이 바뀌는 것이 아니라는 겁니다. 내 자녀의 입시 때는 크게 보이던 것이 그 시기가 지나면 남의 이야기처럼 들리기도 하죠. 당장 학종이 나에게 맞는지를 검토하고 학종에 대한 올바른 정보를 가지고 준비하는 것이 필요합니다.

Q20

학생부종합전형 준비과정에서
학부모는 어떤 역할[22]을 해야 하나요?

　입시전문가들은 대개 "부모를 보면 아이의 대학이 보인다."고 말합니다. 학부모들의 모습은 이러저러한 이유로 입시에 전혀 문외한이거나 아이들 입시에 목을 매는 형태까지 다양합니다. 이 책은 입시에 관심을 가지고 있지 않은 학부모들부터 입시고수인 학부모들에게까지 최고의 정보를 제공하기 위해 만들었습니다. 다음의 목차를 지금 당장 실천은 못하더라도 꼭 반복해서 읽어보기를 부탁드립니다. 그리고 이 책을 아이를 사랑하는 마음으로 정성껏 읽어 주길 바랍니다. 최소 2회 정도 정독하고 궁금한 내용은 책을 통해서 확인하면 결코 부족함이 없을 거라 자신합니다.

---

22 학부모의 역할은 필자의 다른 입시 전략서인 『중학 3년 대학을 결정한다』(2015)의 2장 '대학보내기, 엄마가 답이다'의 주요 목차를 가져온 것입니다. 구체적인 전략 내용은 본 책을 참고하기 바랍니다.

1. 엄마의 잘못된 정보가 아이의 미래를 망친다.

A. 무지한 '정보력'이 가장 무서운 적이다.

　　a. 모집요강은 입시의 교과서이다.

　　b. 모의고사 성적표부터 제대로 읽고 파악하자.

　　c. 성적표는 보자마자 스마트폰에 저장해 놓아라.

B. 잘못된 정보가 아이의 미래를 망친다.

　　a. 가까운 사람으로부터 들은 사례를 일반화하지 마라.

　　b. 신문 기사를 너무 쉽게 믿는 경향이 있다.

　　c. 사례 몇 개 아는 정도로 입시전문가 흉내를 내고 있다.

C. 엄마가 바로서지 않으면 아이의 미래는 없다.

　　a. 엄마가 슬럼프에 빠지면 아이는 수렁에 빠진다.

　　b. 다른 엄마는 더 많은 근심, 갈등과 좌절 속에서 산다.

2. 엄마가 전략가가 되어야 한다.

A. 변하는 대입전형, 엄마가 달인이 되어야 한다.

　　a. 대입전형 중학교 때부터 알아두어야 한다.

　　b. 입시원리를 알아야 한다.

　　c. 정확한 정보로 입시의 큰 틀을 정확하게 이해하자.

B. 아이의 정확한 위치부터 파악하자.

C. 내 아이의 방향과 목적지를 함께 모색하라.

a. 꿈과 목표를 가질 수 있도록 도와줘라.

b. 자율적인 사람으로 키워라.

c. 칭찬과 격려는 자신감을 북돋우는 가장 좋은 수단이다.

d. 끊임없는 동기부여가 필요하다.

D. 내 아이에 맞는 전략, 엄마가 찾아 주어야 한다.

a. 교육은 일찍 시작할수록 그 힘을 더욱 발휘한다.

b. 엄마가 입시 매니저가 되어야 한다.

c. 아이에게 맞는 맞춤 전략을 짜라.

3. 공부 환경을 만들어주는 엄마가 되어야 한다.

A. 스터디 메이트 관리도 엄마의 몫이다.

a. 팀워크로 승부하게 하라.

b. 좋은 자극을 주는 친구를 만들어줘라.

c. 주변에 라이벌을 만들어라.

B. 부모가 독서하는 모습을 보이자.

a. 아이가 책을 읽기를 바라면 엄마가 책을 읽어라.

b. 아이와 같은 책을 읽자.

c. 강요에 의한 책 읽기는 아이에게 도움이 안 된다.

C. 너무 많은 지시와 요구로 아이가 중심을 잃는다.

a. 지시와 훈계를 하지 말고 대화를 하라.

b. 요구나 바람을 1/5로 줄여라!

c. 체크의 간격이 너무 짧다.

d. 칭찬에 익숙해야 한다.

D. 상위 1%가 되려면 99%가 하는 행동을 따라 하지 마라.

a. 휴대폰부터 극복해야 한다.

b. 어설픈 휴대폰, 컴퓨터 통제는 안 하느니만 못하다.

4. 엄마가 해줄 수 없다면 대안을 모색하라.

A. 믿고 따를 수 있는 멘토를 찾아라.

a. 학교 선생님이나 학원 선생님과 진로를 함께 모색하라.

b. 일찍 전문가의 상담을 받게 하라.

c. 전문학원의 도움도 필요하다.

B. 잘하는 엄마를 따라 해라.

a. 잘하는 엄마의 좋은 특징을 파악해라.

b. 인내심을 가지고 포기하지 말아야 한다.

c. 체계적인 관리가 아니면 모두 방치이다.

C. 넷 프렌즈(net friends)를 만들어라.

a. 입시 관련 사이트에 매일 접속하라.

b. 엄마들 모임을 친목모임이 아니라 스터디 모임으로 만들어라.

c. 교육에 관심과 조예가 있는 사람들과 친하게 지내라.

확 바뀐 학생부종합전형
자기소개서와 면접에 비밀이 있다

Q1

자기소개서는 왜
중요한가요?

자기소개서[23]는 학교생활기록부 다음으로 중요한 비중을 차지하는 평가자료입니다. 자기소개서 자체에 일정 비율을 부과하지는 않지만, 최근에는 학교생활기록부 기록의 간소화로 평가자가 지원자의 특성을 잘 파악할 수 있도록 학교생활기록부를 보완할 수 있는 자료로 이용되어 실제 비중은 더 커지고 있는 실정입니다. 자기소개서는 다음의 몇 가지 이유 때문에 입시에서 중요성이 커지고 있습니다.

첫째, 당락에 결정적인 역할을 할 수도 있습니다. 자기소개서만 뛰어나다고 합격할 확률이 높은 것은 아니지만 같은 대학 지원자들은 대개 수준이 비슷한 상태

---

23 교육부의 대입제도 공정성 강화 방안 발표(2019. 11. 28.)로 2024학년도부터는 자기소개서를 폐지할 방침임.

입니다. 특히 최근의 학교생활기록부 수준은 합격자들의 학생부나 모범 학생부들의 공개로 대개가 매우 우수한 형태입니다. 학종에 '복불복 전형'이라는 닉네임이 붙은 이유입니다. 이 비슷한 상황에서 입학사정관에게 더 주목받을 수 있도록 임팩트 있게 쓰인 자기소개서는 합격에 결정적인 역할을 할 수도 있습니다.

둘째, 학교생활기록부의 부족한 부분을 보완해줄 수 있습니다. 그래서 학교생활기록부 해설서라고도 합니다. 학생부의 객관적 데이터만 가지고서는 지원자의 모든 능력을 파악할 수 없기 때문에 학업활동, 동아리활동, 봉사활동, 수상내역 등에 대하여 객관적 자료에 나타난 활동 이유와 맥락을 파악하고 지원자의 생각과 가치관 등을 들여다보고자 하는 것입니다.

2024학년도부터는 자기소개서를 '폐지'할 방침입니다.

셋째, 자신의 존재 가치를 충분히 보여줄 수 있습니다. 학생부가 지원자의 고교 3년간의 학교생활이 담긴 객관적인 서류라고 한다면, 자기소개서는 학생이 학교생활을 통해 배우고 느낀 점 등을 포함해서 학생부에 드러나 있지 않은 주관적인 동기, 과정, 영향을 정리한 서류라고 할 수 있습니다. 학종은 전형 특성상 성취과정, 느낀 점 등을 중요하게 여깁니다. 하지만 학생부에는 충분히 나타나 있지 않습니다. 대학은 학생부에 드러나 있는 객관적 사실들의 동기 및 이유와 활동 후 일어난 심경의 변화, 느낀 점, 발전된 모습 등 학생의 전인적인 스토리를 알고 싶어합니다. 그래서 학생부에는 활동 내용의 단순한 나열이 아니라 동기와 느낀 점이 주가 되어야 한다고 강조하는 것입니다.

넷째, 대학은 학교생활기록부와 자기소개서를 크로스 체크하여 다양한 평가요소를 확인하는 과정을 거칩니다. 제한된 시간 내에 자기소개서를 통해 학종의 4가지 평가요소, 즉 학업역량(자소서 1번, 2번), 전공적합성(1번, 2번, 4번), 인성(2번, 3번) 그리고 발전가능성(1번~4번 모두)까지를 학생부와 크로스 체크해본다고 생각하면 됩니다. 대학에 입학해서도 수학능력을 가지고 능동적이고 자기주도적으로 대학을 빛내줄 수 있는 사람인가를 알고 싶은 것입니다.

학교생활기록부가 부족해도
자기소개서를 잘 쓰면 합격할 수 있나요?

학교생활기록부가 부족한데 자기소개서를 잘 써서 합격한다는 것은 거의 불가능합니다. 학교생활기록부가 부족한데 자기소개서를 잘 쓰면 '평가자료 간 불일치'가 됩니다. 항상 우선하는 것은 학교생활기록부입니다. 반대로 자기소개서가 좀 부족해도 학교생활기록부가 훌륭하면 합격가능성이 훨씬 더 높습니다. 중요한 것은 학종으로 지원한 학생들의 학생부는 거의 우열을 가릴 수 없을 정도로 뛰어나다는 겁니다. 이럴 때 영향력을 발휘하는 것이 자기소개서입니다. 따라서 합격 공식은 학생부와 자기소개서 모두 완벽해야 한다는 것입니다.

풍부한 학생부가 훌륭한 자기소개서를 만듭니다.

자기소개서는 학생생활기록부를 읽는 데 필요한 보조자료라고 보면 됩니다.

훌륭한 자기소개서를 바탕으로 학생부를 읽는 것이 아니라 학교생활기록부들 중에서 뛰어난 것에 한하여 자기소개서를 읽는다고 봐도 됩니다. 학교생활기록부 70%, 자기소개서 30%처럼 평가자료별로 배점을 하거나 반영비율을 정하고 있지도 않습니다. 6개 대학 입학사정관들이 이야기하는 다음 내용은 마음에 새길 만합니다.

"자기소개서만으로 합격의 열쇠를 쥐는 것은 어렵지만 학교생활기록부를 통해 나타내기 어려운 부분을 충족해주는 역할은 충분히 할 수 있습니다. 학교생활기록부에는 '어떤 활동을 하여 A라는 결과물을 산출했다.'는 간결한 기술만 있지만 사실 그 A라는 결과물을 산출하기 위해서는 수많은 노력과 도전, 장애물, 극복과정이 있을 것입니다. 그 부분을 자기소개서에 작성하면 평가자는 종합적인 판단을 할 수 있습니다. 산출물이 다소 부족하거나 도전에 실패하였다고 하더라도 열정적으로 노력한 부분을 긍정적으로 보고 발전가능성 영역에서 좋은 평가를 할 수 있습니다."

Q3

자기소개서 문항별 작성 팁[24]을
알려주세요

자기소개서 작성 시 가장 중요한 것은 각 문항의 의도를 정확하게 파악하여 작성해야 한다는 것입니다. 생각보다 많은 학생이 이것을 간과하고 동문서답을 하거나 대학에서 의도하는 핵심을 빼뜨리는 경우가 많습니다. 질문 문항의 의도와는 상관없이 본인이 작성하고 싶은 내용을 작성하는 오류를 범하여 그동안의 노력이 물거품이 되는 경우도 있습니다. 다음은 6개 대학 입학사정관들이 제시한 내용을 토대로 보완한 것입니다. 문항을 꼼꼼하게 분석적으로 파악해야 합니다.

[1번 문항, 공통문항] 고등학교 재학기간 중 학업에 기울인 노력과 학습 경험을 통해 배우고 느낀 점을 중심으로 기술해주시기 바랍니다.

---

24 자기소개서 문항별 작성 팁은 6개 대학 입학사정관들이 제시한 것을 참고하여 보완함. 2022학년도부터는 내용상 큰 변화는 없지만 1번 문항과 2번 문항이 합쳐지고 글자 수가 줄어듦.

'학업에 기울인 노력과 학습 경험'에 대한 자신의 경험들을 먼저 생각해보는 것이 좋습니다. 새로운 지식을 획득하기 위해 자기주도적인 태도로 노력한 적이 있는지, 자발적인 성취동기를 가지고 깊게 학습한 경험이 있는지, 지식의 폭을 더 넓고 깊게 확장하기 위해 노력한 사례가 있는지, 창의적인 결과물을 산출한 적이 있는지 등에 대해 먼저 생각해보고 그러한 경험들이 자신에게 준 영향과 배우고 느낀 점을 중심으로 작성하면 됩니다.

1번 문항에서 입학사정관들이 보고 싶어하는 것은 '학생의 지적호기심'과 '학업 역량'이라는 것을 명심하며 작성해야 합니다. 또 많은 학생이 하는 실수가 '배우고 느낀 점 중심으로 기술'이라고 나와 있는데 자신의 활동만을 나열하는 것입니다.

[2번 문항, 공통문항] 고등학교 재학기간 중 본인이 의미를 두고 노력한 교내 활동(3개 이내)을 배우고 느낀 점을 중심으로 기술해주시기 바랍니다.

2번 문항에서 주의할 점은 학교생활기록부에 기재된 활동을 그대로 옮겨 적지 않아야 한다는 점입니다. 자기소개서를 통해 자신의 장점을 부각할 수 있도록 해야 하며, 관심 활동을 심화해 다른 활동으로 발전시키고 융합한 사례나 지원학과와 관련하여 활동한 것 중 자신의 관심과 열정을 부각할 수 있는 사례 등을 대상으로 그 활동의 시작 동기, 활동과정, 그 속에서의 깨달음을 중심으로 작성하면 됩니다.

[3번 문항, 공통문항] 학교생활 중 배려, 나눔, 협력, 갈등 관리 등을 실천한 사례를 들고 그 과정을 통해 배우고 느낀 점을 기술해주시기 바랍니다.

대학에 따라서는 인성적인 요소를 특히 강조하는 대학도 있지만, 배점의 폭이 크지 않고 비중을 낮게 책정하는 경우가 대부분입니다. 3번 문항을 작성할 때는 단순히 인성적 요소에만 치중하지 말고 학업역량, 전공적합성 등의 우수성을 간접적으로 보여줄 수 있으면 금상첨화입니다. 입학사정관은 어떤 곳에서든지 학업역량의 우수성을 찾아내려 합니다. 사례만 자세히 기술하고 느낀 점은 형식적으로 간단히 적는 경우가 많은데 이것은 지양하는 것이 좋습니다. 반대의 형태를 취해야 합니다.

[4번 문항, 자율문항] 대학별로 자유롭게 기재 여부를 결정할 수 있는 자율문항에는 많은 대학에서 지원 동기와 관련된 내용을 작성하도록 합니다.

4번 문항에서는 자신의 꿈을 지원한 전공에 대한 관심과 연관 지어 잘 보여줄 수 있도록 작성해야 합니다. 그 대학이나 학과가 본인의 꿈을 실현시켜주는 데 어떤 영향을 미치는지를 보여주어야 합니다. 특히 대학이 나를 왜 뽑아야 하는가에 대한 답을 주어야 합니다.

학교생활기록부에 없는 내용을
자기소개서에 써도 되나요?

"학교생활기록부에 기재되지 않은 내용을 자기소개서에 작성해도 괜찮은가에 대한 질문이 많이 있습니다. 자기소개서 2번 문항을 보면 '학교생활기록부에 기록되지 않은 교외 활동 중 학교장의 허락을 받고 참여한 활동은 기록할 수 있다.'라고 되어 있습니다. 사실 평가자의 입장에서 학교장의 허락을 받았다면 교외활동의 종류가 무엇인가는 크게 중요하지 않습니다. 따라서 학교장의 허락을 받고 참여한 활동이라면 자기소개서에 작성해도 됩니다(6개 대학 대학입학사정관)."

그대로 받아들이면 안 됩니다. 학생부의 내용과 동떨어진 자기소개서는 말 그대로 '자기소설'일 뿐입니다. 사실 대부분의 입학사정관은 학생부에 기재되지 않은 내용을 자기소개서에 작성하는 것은 매우 좋지 않다고 생각합니다. 신뢰성이 떨어진다는 거죠. 자소서에 쓸 내용은 학생부에 반드시 그 근거가 있도록 하는 것이 좋습니다. 대개가 학생부 내용 중에 임팩트 있는 내용이 없기 때문에 다른 내용을 가져온다고 생각합니다. 있는 그대로를 믿자니 신뢰도가 떨어지고 검증과정을 거쳐야 하는데 그럴 만한 시간도 없습니다. 그렇기 때문에 자소서를 쓸 때는 학생부 내에 일단 근거를 마련하는 것이 중요합니다. 각종 활동의 작은 요소라도 학생부에 있으면 일단 신뢰감을 줄 수 있고 이야깃거리를 도출할 수 있으니까요. 예외적인 경우가 있는데 학생부가 매우 훌륭하다면 교외 활동이나 학생부에 기재되지 않은 내용도 믿어줄 가능성이 있습니다. 하지만 이 경우에라도 학생부 내용에 있는 것들보다 따로 쓴 내용이 본인에게 중요한 이유와 의미를 확실하게 제시해 주어야 합니다.

Q5

현행 자기소개서 공통서식의 내용은 무엇이며 어떤 변화가 있나요?

다음은 자기소개서[25] 공통서식 내용입니다. 내용에 대한 큰 변화는 없고 2022학년도부터 문항 수가 4개에서 3개로, 글자 수는 전체 5,100자 이내에서 3,100자 이내로 다소 축소됩니다.

현행 자기소개서 공통 서식

1. 고등학교 재학기간 중 지원한 분야와 관련하여 어떤 노력과 준비를 해왔는지 지원동기와 본인에게 의미가 있는 학습경험, 교내활동 등을 중심으로 기술해주시기 바랍니다. (1,500자)

---

25 2024학년도부터는 자기소개서 폐지 예정임.

2. 고등학교 재학기간 중 공동체(동아리, 학급, 학교 등)에 기여한 교내활동(수업활동 포함)을 본인의 특성이 잘 드러나도록 기술하여 주시기 바랍니다. (800자)

3. 대학 자율문항

지원 동기 등 학생을 종합적으로 판단하기 위해 필요한 경우 대학별로 1개의 자율 문항을 추가하여 활용하시기 바랍니다. (800자)

자율문항 예시

- 고등학교 재학기간 또는 최근 3년간 읽었던 책 중 자신에게 가장 큰 영향을 준 책을 3권 이내로 선정하고 그 이유를 기술하여 주십시오. (서울대학교)
- 해당 모집단위에 지원한 동기와 준비과정을 기술해주시기 바랍니다. (고려대학교)
- 지원자의 교육환경(가족, 학교, 지역 등)이 성장과정에 미친 영향과 지원학과에 지원한 동기, 입학 후 학업(진로)계획에 대해 기술하세요. (경희대학교)
- 자신에 대해 좀 더 소개하고 싶은 내용(지원동기, 자신의 성격적 장단점, 재능 및 특기, 경험 등)이 있다면 자유롭게 기술해주시기 바랍니다. (포스텍)

Q6
자기소개서 작성 시
유의사항을 알려주세요

자기소개서 작성 시 유의사항은 한국대학교육협의회에서 안내하고 있습니다. '0'점 처리 항목과 작성 시 불이익을 받을 수 있는 내용을 잘 확인해서 실수로 인하여 그동안의 노력이 물거품이 되지 않도록 주의해야 합니다. 특히 2021학년도부터 기재금지사항 검증 강화 및 불이익 조치가 철저하게 이루어집니다. 작성 금지 항목에 대한 실수 이외에 실제 지원자들이 유의해야 할 점은 다음과 같습니다.

첫째, 미리미리 준비해야 합니다. 미리 준비하지 않으면 제대로 된 자기소개서가 나오지 않을뿐더러 입시를 준비해 나가는 전체 계획에 큰 악영향을 끼치는 경우가 많습니다. 평소 준비를 하지 않은 상태에서 갑작스럽게 준비하려다 보니 생각보다 자기소개서가 써지지도 않고 수능 준비에도 차질을 초래하는 경우가 많습니다. 학종을 준비하는 지원자는 대개 수능을 병행하는 경우가 많은데 자기소개서 준비로 많은 시간을 소요하게 될 수도 있습니다.

둘째, 학교생활기록부 내용을 나열하는 형태를 지양해야 합니다. 학생부에서 가장 의미 있는 소재를 토대로 구체적인 상황, 행동, 결과, 느낌, 성장한 모습이 드러나도록 작성해야 합니다. 간혹 학교생활기록부에 있는 내용을 그대로 옮겨 적고, 그 활동에서 자신의 역할과 느낀 점, 변화된 모습 등에 대해 작성하지 않는 경우가 있습니다. 이런 경우는 학교생활기록부에 있는 내용의 중복에 불과하기 때문에 실질적으로 지원자를 이해할 수 있는 근거를 찾기가 어렵습니다.

2021학년도부터 기재금지사항 검증 강화 및 불이익 조치가 철저하게 이루어집니다.

셋째, 학교생활기록부에서 근거를 찾을 수 없는 활동은 가급적 배제해야 합니다. 학생부나 증빙서류에서 사실적 근거를 살필 수 없는 활동에 대한 언급, 추상적인 표현 위주의 작성에는 대학에서 신뢰성에 의문을 제기합니다. 대학에서는 고등학교 등에 확인과정을 거치니 괜찮다고 하지만 실제로 그럴 시간이 없습니다.

넷째, 문항의 의도를 정확히 파악하는 것이 중요합니다. 가장 많은 오류를 범하는 사항입니다. 대학은 각 문항에서 보고자 하는 역량이 있습니다. 예를 들어 1번 문항에서는 지원자의 학업역량을 묻고 있습니다. 그런데 간혹 이러한 문항의 의도와는 상관없이 본인이 작성하고 싶은 내용을 작성하는 경우가 있습니다. 대학의 입장에서 각 문항마다 파악하고자 하는 바와 가장 중요하게 여기는 가치를 명심하면서 작성해야 바람직한 자기소개서가 될 수 있습니다.

마지막으로 자기소개서 작성 시 보안에도 주의해야 합니다. 타인이 지원자의 자기소개서를 표절하여 유사도 검증 대상이 될 수 있기 때문입니다. 따라서 학교나 도서관 등의 공용 컴퓨터에서 자기소개서를 작성했다면 반드시 해당 내용을 삭제하여야 하며 학교 선생님 외 다른 사람에게 자기소개서 검토를 요청하는 것도 주의해야 합니다.

작성 시 유의 사항

1. 자기소개서는 지원자 본인이 작성하여야 하고, 사실에 입각하여 정직하게 지원자 자신의 능력이나 특성, 경험 등을 기술하여야 합니다.

2. 자기소개서에 기술된 사항에 대한 사실 확인을 요청할 경우 지원자는 적극 협조하여야 합니다.

3. 제출된 자기소개서는 표절, 대리 작성, 허위사실 기재, 기타 부정한 사실 등의 검증을 위해 유사도 검색을 실시하고, 해당 사실이 발견될 경우 불합격 처리되며 합격 이후라도 입학이 취소될 수 있습니다.

4. 학교생활기록부에 기재할 수 없는 주요 항목(논문, 학회지 등재나 도서 출간, 발명특허 관련 내용, 해외 활동 실적, 교외 인증시험 성적 등)은 작성할 수 없고, 어학연수 등 사교육 유발 요인이 큰 교외 활동의 경우에도 작성이 제한되므로 이를 준수하지 않았을 경우 평가에 불이익을 받을 수 있으니, 작성을 금지합니다.

5. 자기소개서에 다음 사항을 기재할 경우 서류 평가에서 '0점'(또는 불합격) 처리됩니다.

자기소개서 작성 시 '0점'(또는 불합격) 처리 사항

1. 공인어학성적

– 영어(TOEIC, TOEFL, TEPS), 중국어(HSK), 일본어(JPT, JLPT), 프랑스어(DELF, DALF), 독일어(ZD, TESTDAF, DSH, DSD), 러시아어(TORFL), 스페인어(DELE), 상공회의소한자시험, 한자능력검정, 실용한자, 한자급수자격검정, YBM 상무한검, 한자급수인증시험, 한자자격검정

2. 수학·과학·외국어 교과에 대한 교외 수상실적

– 수학: 한국수학올림피아드(KMO), 한국수학인증시험(KMC), 온라인 창의수학 경시대회, 도시대항 국제수학 토너먼트

– 과학: 한국물리올림피아드(KPHO), 한국화학올림피아드(KCHO), 한국생물올림피아드(KBO), 한국천문올림피아드(KAO), 한국지구과학올림피아드(KESO), 한국뇌과학올림피아드, 전국정보과학올림피아드, 국제물리올림피아드, 국제지구과학올림피아드, 국제수학올림피아드, 국제생물올림피아드, 국제천문올림피아드, 한국중등과학올림피아드

– 외국어: 전국 초중고 외국어(영어, 중국어, 일본어, 프랑스어, 독일어, 러시아어, 스페인어) 경시대회, IET 국제어대회, IEWC 국제영어글쓰기대회, GLEC 글로벌 리더십 영어 경연대회, SIFEC 전국어 말하기대회, 국제어논술대회

* 위에 열거된 항목 외에도 대회 명칭에 수학·과학(물리, 화학, 생물, 지구과학, 천문)·외국어 등 교과명이 명시된 학교 외 각종 대회(경시대회, 올림피아드 등) 수상실적을 작성했을 경우 '0점'(또는 불합격) 처리

** '교외 수상실적'이란 학교 외 기관이 개최한 대회 수상실적을 의미하며, 학교장의 참가 허락을 받은 교외 수상실적이라도 작성시 '0점'(또는 불합격) 처리

Q7

자기소개서 준비 전략을
알려주세요

    자기소개서는 많은 경쟁자 가운데 본인이 선택될 수 있도록 지원자가 다른 경쟁자보다 왜 더 뛰어난가를 설득력 있게 어필하는 안내서입니다. 자기소개서 준비에 필요한 전략을 꼭 명심하도록 합시다.

    첫째, 자소서에 쓸 내용은 학생부에 반드시 그 근거가 있도록 해야 합니다. 학생부 자료가 기본입니다. 이것은 자소서를 쓰는 원칙이기도 합니다. 평소에 자소서 쓸거리를 학교생활기록부에 풍부하게 준비해 놓는 것이 필요합니다. 대부분의 입학사정관은 학생부에 기재되지 않은 활동을 자기소개서에 작성하는 것은 매우 좋지 않다는 의견에 동의합니다. 학생부 내용 중에 쓸거리가 없기 때문이라고 의심을 하게 되기 때문입니다. 물론 자소서 작성 전에도 사전에 자신의 학생부에 대한 분석이 선행되어야 한다는 점을 반드시 기억해야 합니다.

둘째, 임팩트가 있어야 합니다. 자기만의 색깔을 부각시키는 것이 중요합니다. 다른 지원자들의 학교생활기록부가 나보다 뛰어나다는 생각을 갖고 경쟁률이 높은 상태에서 입학사정관의 눈에 띄어야 합니다. 그러기 위해서는 다양한 내용 중에서 입학사정관이 주목할 만한 것, 내가 가장 자신 있는 것, 알리고 싶은 것을 앞에 배치해야 합니다. 주목할 만한 내용은 '우수한 학업역량'이라는 생각을 항상 염두에 두고 자기소개서의 내용을 채워야 합니다.

셋째, 우수한 자소서, 합격자의 자소서를 많이 읽어보면 좋습니다. 시중에 많이 나와 있습니다. 이 경우에도 자소서 제출 기한에 임박해서가 아니라 중3 혹은 고1 정도 때 읽어보면 어떤 계획을 세울지와 어떻게 학생부를 만들어갈 것인가에 대한 계획이 나올 수 있습니다. 주의해야 할 점은 다른 사람이 쓴 자기소개서를 많이 접하고 참조하다 보면 비슷하게 쓸 가능성이 있다는 것입니다. 어느 정도 완성도는 있을지 모르지만 거기에 그쳐서는 안 됩니다. 항상 이 점을 경계하며 한 단계 업그레이드하고 자신만의 색깔을 찾으려는 노력을 해야 합니다.

넷째, 역시 준비 시기가 중요합니다. 날짜에 쫓겨 허둥지둥 준비하는 자소서로는 경쟁력이 없습니다. 급하게 자소서 컨설팅 업체를 찾는 것도 부작용을 유발하는 경우가 많습니다. 유사도 검색에서 적발되는 일이나 대필사고는 시간적인 급박함 때문에 생기는 경우가 대부분입니다. 오래전부터 준비해온 자소서가 설득력 있습니다.

다섯째, 지나치게 겸손한 것도 금물입니다. 자신감을 가지고 자신의 우수한 점을 알려야 합니다. 지나치게 자신을 미화하고 허위, 과장하지 않도록 안내합니다만 대부분의 자기소개서를 보면 너무 겸손하고 솔직하여 손해를 보는 경우가 많습니다. 단점도 이야기하라고 했다고 단점까지 드러낸다면 제한된 글자 수 안에서 장점을 부각시키기에도 부족한 상황에서 다른 지원자들보다 경쟁력이 떨어질 것입니다. 단점을 드러내야 할 일이 있을 때도 자신의 학업역량의 우수성을 간접적으로 드러내도록 해야 합니다. 자신감 있게 자신의 존재 가치를 드러내는 것이 필요합니다.

마지막으로 평소에 기록하는 습관을 가져야 합니다. 또한 자기소개서 질문 문항을 외운 상태에서 생활하는 것이 중요합니다. 의미 있다고 생각하는 활동이나 배우고 느낀 점을 메모해 두면 그것이 곧 자소서가 됩니다. 구체적인 사례와 느낌은 거창하지 않더라도 차별화할 수 있는 요소입니다. 기록이 되어야 가치가 있습니다. 가능하면 의미 있는 활동들에 대하여 내가 왜 이런 활동을 했는지 메모하는 습관을 가져야 합니다. 물론 그 활동과정과 활동 후 느낀 점까지 써 놓으면 더할 나위 없습니다.

자기소개서 컨설팅을 받는 것이 유리한가요?

자기소개서 관련한 컨설팅을 전문적으로 하는 사교육종사자들은 학종 합격자들 대부분이 사교육 컨설팅 업체에서 지도받았다고 주장합니다. 하지만 실제로는 학종 컨설팅 전문가들조차도 "지원자를 위해 해줄 것이 거의 없다."라고 이야기합니다. 대부분 자기소개서 때문에 컨설팅 업체를 찾을 때는 불안감과 시기적인 급박감 때문인 경우가 많습니다. 요즘은 완전 대필보다는 다양한 형태의 자기소개서 컨설팅과 지도를 받는 경우가 대부분입니다. 컨설팅이 유리한 이유와 불필요한 이유 몇 가지를 제시해보겠습니다.

자기소개서 컨설팅이 유리한 점

첫째, 체계적인 준비가 가능하다는 점입니다. 컨설턴트의 능력은 천차만별이지만 뛰어난 사람을 만나면 자기소개서의 수준을 높일 수 있습니다. 입시의 핵심을 알고 간결하면서도 효과적으로 표현하는 방법을 잘 알고 있기 때문입니다.

둘째, 정보 습득에 유리합니다. 학원에서는 입시만을 준비하기 때문에 입시 트렌드에 민감하고 최신 자료와 정보에 강합니다.

자기소개서 컨설팅이 불필요한 점

첫째, 학원에서 자기소개서를 작성하면 본인이나 학부모의 눈에는 완성도 있게 보일 수 있으나 아무래도 지원자의 특성이 사라지고 다른 자소서와 비슷해질 수밖에 없습니다. 시간이 촉박한 경우가 대부분이고 좀 더 좋은 자기소개서를 쓰려고 하기 때문에 다른 학생의 것을 참고하게 되어 글의 패턴이나 소재가 비슷해지거나 심한 경우에는 표절 형태로 전락할 수도 있게 됩니다.

둘째, 학종은 특히 학생 개인별 역량이나 학교생활을 통해 기울인 노력, 느낀 점, 변화된 모습, 발전가능성 등 개인적 특성을 강조하는데 이 문제는 결국 지원자 개인이 가장 잘 알고 있고 스스로 해결해야 하는 것이기 때문에 학원의 컨설팅에 한계가 있다는 것입니다.

2021학년도부터는 자기소개서 기재금지사항 검증이 강화되며 불이익 조치가 철저해집니다.

셋째, 컨설팅을 통해 얼마만큼의 진정성을 담아낼 수 있는가도 고려해야 합니다. 자기소개서에는 진정성이 담겨 있어야 하기 때문입니다. 컨설팅을 통한 자소서에는 진정성이 제대로 녹아 있지 않을 확률이 높습니다. 내가 가지고 있는 진정성을 전략적으로 어떻게 보여줄 것인가를 고민해야 합니다. 해답은 자기 자신에게 있습니다.

넷째, 본인이 평소 학생부 관리에 관심을 가지고 있으면 준비가 가능하고, 한국대학교육협의회, 각 대학 입학처 홈페이지 등을 방문하거나 입시 서적 등을 통해 더 좋은 정보를 얻는 것이 가능하다는 것입니다.

마지막으로 자기소개서 보안에 취약할 수 있습니다. 표절이나 보안 문제로 사고가 나는 경우도 있습니다. 시기가 임박해서 준비하는 경우에 이러한 일이 많습니다. 컨설팅 내용이 인터넷에서 많이 공유되는 것일 수도 있고 자신이 모르는 사이에 표절 위험에 노출될 수도 있습니다. 이런 이유로 명문대를 희망하는 학생 중에는 사설 학원에 자기소개서 검토조차도 절대 맡기지 않는 경우도 있습니다.

아래 표는 자기소개서 컨설팅 안내입니다. 국내 유명 대입 컨설팅 센터에서 자기

학생부종합전형 자기소개서 컨설팅 안내

구분	문과	이과
전국 일반고	1.49등급 이내	1.79등급 이내
특목고 (외고, 국제고, 과학고)	2.49등급 이내	2.99등급 이내
자사고	1.99등급 이내	2.49등급 이내
일반고 중 내신을 받기 힘든 일부 고등학교/자사고는 대입 컨설팅 센터로 문의해주시기 바랍니다.		

출처: ○○○ 대입 컨설팅 센터

소개서 컨설팅을 받을 수 있는 기준입니다. 보통 먼저 평가자 관점에 대해 교육을 받습니다. 그런 다음에 지원 전략을 짜고 그다음 맞춤형 로드맵을 제시합니다. 선택과 집중에 의한 전략을 지속적으로 보완해 나가죠. 1:1 전문가 특별지도란 것도 있습니다. 특이한 사항은 학종 컨설팅 대상자들의 성적이 매우 높다는 것과 이미 성적이 우수한 학생을 컨설팅하여 결국은 컨설팅 때문에 합격한 것처럼 포장하는 경우가 많다는 겁니다.

Q9

자기소개서 유사도 검색 시스템[26]에 대해 알려주세요

유사도 검색 시스템이란 학종의 자기소개서, 교사추천서 등에서 표절, 대필 및 허위서류 작성 등을 확인하기 위한 시스템입니다. 학종을 운영하는 모든 대학은 한국대학교육협의회의 유사도 검색 시스템을 활용합니다. 유사도 검색 결과는 위험, 의심, 유의 3단계 수준으로 구분됩니다. 유사도 검증과정에서는 사후검증 결과 최종적으로 표절이나 허위사실 기재가 확인된 경우 합격 통보를 받았다 하더라도 합격 취소가 될 수도 있습니다.

한국대학교육협의회의 유사도 검색 시스템은 지원학년도의 자기소개서를 포함하여 최근 3개 학년도에 제출된 자기소개서를 누적 검색하여 해당 대학에 제공합

---

26 유사도 검색 시스템은 한국대학교육협의회 자료, p.90~92 내용을 토대로 정리함.

유사도 수준

수준별	자기소개서	교사추천서	비고
위험	30% 이상	50% 이상	표절가능성 수준 높음
의심	5% 이상 ~ 30% 미만	20% 이상 ~ 50% 미만	표절 우려 수준
유의	5% 미만	20% 미만	표절가능성 낮음

니다. 이때 대학에 제공되는 검색 결과에는 동일인이 제출한 자기소개서는 제외하고, 비교 대상이 되는 지원자에 대한 정보(지원학년도, 지원대학, 이름, 출신 고교 등)가 포함됩니다. 지원자와 비교 대상자의 자기소개서에서 유사한 문장을 그대로 제공하기 때문에 띄어쓰기, 오탈자까지 대학이 확인할 수 있습니다.

유사도 검색 시스템의 몇 가지 특징을 알아보면 다음과 같습니다.

첫째, 다른 대학에 제출한 본인의 자기소개서나 전년도에 제출했던 본인의 자기소개서는 유사도 검사 대상이 아닙니다.

둘째, 학교생활기록부는 유사도 검색을 하지 않습니다.

셋째, 교사추천서는 학생이 작성한 자료가 아니기 때문에 유사도가 높게 나온다고 해서 개별 학생의 합격과 불합격에 영향을 주지는 않습니다.

자기소개서 유사도가 높게 나오는 경우

유사도 검증 결과 유사도가 가장 높게 나오는 경우는 전년도에 합격한 고등학교 선배, 친척, 먼저 합격한 친구 등 지인의 자기소개서와 유사하게 작성한 경우입니다. 또한 자기소개서를 보완하기 위해 남에게 보여주거나 공개된 사이트에 올려서 타인이 베낀 경우, 예시로 소개된 자기소개서 견본을 서로 다른 지원자가 베껴서 유사도가 높게 나오는 경우도 있습니다(한국대학교육협의회).

Q10

학생부종합전형 면접에 대한
주요 사항을 알려주세요

지금까지 학종을 성공적으로 준비하기 위한 전략과 그에 따른 세부적인 내용들을 짚어봤습니다. 이 책이 오랜 기간 학종을 준비하는 용도로 저술된 것이기는 하지만 학종을 미리 준비하면서 합격까지의 단계상 꼭 사전에 알고 넘어가야 할 사항이라고 생각되어서 학종 면접에 대한 주요 사항 몇 가지를 언급하고자 합니다.

1. 대학들은 학종의 서류 외에 왜 면접을 필요로 할까요?

대학은 자기 학교에 몸담게 될 학생들의 면면을 직접 보고 확인하고 싶어 합니다. 그러므로 학생들이 대학교에 제출한 입시 관련 문서들의 진위 여부를 파악함과 동시에 대학 자체의 인재상이나 특히 해당 전공에서 요구하는 학생상에 적합한 학생인지를 심층적으로 파악하기 위해서 면접을 실시합니다. 면접은 학종의 연장선 상에서 지원자의 역량을 보다 심도 있게 파악하기 위한 것이라고 생각하면 됩니다.

2. 면접에서는 어떤 점을 확인하려고 할까요?

학종 면접에서는 대부분 지원자의 지원 목적과 개별특성 그리고 지원학과에 대한 자질과 능력 등을 중심으로 질문을 합니다. 한편으로는 제출한 서류에 대해서 사실인지 의심되는 사항에 대해서 심층적으로 확인하는 과정을 갖고 싶어 합니다. 예를 들어 매우 많은 책을 읽은 것으로 기술되어 있다면 실제로 그 책을 제대로 읽었는지에 대한 보다 세부적인 질문 내용이 있을 수 있고 교내경시대회에서 수상했다면 그 경시대회에 참가했던 상세한 내용과 참가 동기 그리고 그 과정과 결과를 통해서 경험했던 점들을 물을 수 있습니다. 만일 어떤 봉사활동 기관에서 봉사를 했다면 참여하게 된 동기와 봉사의 내용과 느낀 점을 확인할 것입니다. 논문 작업에의 참여나 특이한 수상 등의 일반적이지 않은 체험에 대해서는 보다 강도 높은 질문이 예상됩니다.

3. 수험생의 입장에서 면접에서는 어떤 점을 준비해야 하나요?

학종 면접은 교사가 작성한 학교생활기록부의 근간에 학생의 실질적인 노력과 땀이 배어 있다고 할지라도 일정 부분 거품이 존재한다는 것을 전제로 할 수밖에 없는 현실을 압니다. 따라서 평가자와 대면하여 질의 응답을 통해서 '학생부를 근간'으로 하되 거기에서 다 부각시키지 못했던 부분을 보여줄 수 있는 좋은 계기가 될 수 있다는 점을 생각해야 합니다. 그러므로 각 항목에 작성된 내용의 진정성에 의심이 가지 않을 정도로 내용을 숙지해야 합니다. 그리고 자신이 말하고자 하는 내용의 논리성, 종합적인 사고를 할 수 있는 역량과 의사소통능력을 키워야 합니다. 하루아침에 준비되는 것이 아니므로 고2 겨울 방학이 되면 본격적으로 준비해야 하는 사항이라고 생각하면 됩니다.

4. 면접까지의 과정과 면접 절차는 어떻게 되나요?

대다수 대학에서 1단계 전형으로 3배수에서 5배수까지를 선발한 후 2단계 전형에서 면접을 실시하고 최종합격자를 선발합니다.

절차는 '면접대상자 발표 → 면접대기실 입실 → 면접 준비 → 면접 → 퇴실'의 과정을 거칩니다.

5. 면접의 유형에는 어떤 것이 있나요?

면접의 종류에는 인성면접, 구술면접, 제시문 활용 면접 등이 있습니다.

■ 인성면접

주로 학교생활기록부에 있는 내용을 중심으로 확인하는 과정입니다. 내용의 진위 여부를 파악하기도 하지만 학생의 자세와 태도 등을 파악하는 비교적 간단한 면접입니다.

■ 구술면접

학생에게 교과내용 중심의 문제 풀이형 지문을 풀게 한 후 구술 방식으로 답변하게 하는 면접 방식입니다. 문제 풀이하는 내용도 중요하지만 풀이에 대한 결과가 평가에 중요하게 반영됩니다.

■ 제시문 활용 면접

특정한 정답이 주어지지 않고 다양한 접근이 가능한 개방형 제시문을 주고 그에 대한 답변을 통해 논리력과 종합적인 사고력을 평가하는 면접입니다. 사회적인 현상, 전공 관련한 시사적인 쟁점이나 전공과 관련 있는 역사적인 내용 등을 읽고 자신이 갖고 있는 생각을 말하는 것입니다. 이 과정에서 교과과정에서 배운 지식이나 본인이 읽은 책에서의 내용 등을 복합적으로 활용하여 자신의 생각을 주입하여 응답하는 것입니다.

참고문헌

건국대학교 외(2016). 학생부종합전형 운영공통기준과 용어표준화 연구.

건국대학교 외(2018). 대입전형 표준화 방안 연구.

건국대학교 외(2019a). 학생부종합전형 101가지 이야기.

교육부(2018). 2022학년도 대학입학제도 개편방안 및 고교교육 혁신 방향. 교육부.

교육부(2018). 학교생활기록부 신뢰도 제고 방안(시안). 교육부.

교육부(2020). 2020 학교생활기록부 기재 요령. 교육부.

교육부(2020). 2022학년도 대학입학전형 시행계획. 교육부.

교육부(2019). 2019년 고교교육 기여대학 지원사업 기본계획. 교육부.

김병욱(2019). '2019 서울대 수시합격생 봉사시간, 동아리활동 상황' 국회의원 김병욱 보도자료.

김병욱(2019). '학생부 종합전형 어떻게 준비해야 하나?' 국회의원 김병욱 토론회 자료.

변기용(2018). 한국 교육행정학의 학문적 정체성과 연구 방법론에 대한 비판적 성찰. 교육행정학연구, 36(4호), 1-40.

변기용·박준회·장정현(2019). 교육정책 과정에서의 정치적 합리성과 기술적 합리성. 교육
　　정치학연구. 26(1), 1-28.

변기용·장정현·박준회(2017). 19대 대선 공약 분석과 문재인 정부의 고등교육 부문 주요
　　개혁과제. 교육정치학연구. 24(2), 77-105.

사교육걱정없는세상(2017). 학교교육정상화를 위한 학생부종합전형 혁신안. 2017. 8.
　　29.

서울시교육청(2008). 학생부종합전형 개선방안.

송기석(2016). 대입제도에 대한 국민(학부모) 여론조사 결과 및 대입제도 개선 방향. 한국
　　교육행정학회 교육정책포럼 자료집.

안선회(2009). 2008 대입제도 정책주장에 관한 실제적 타당성 분석. 교육정치학연구,
　　16(1), 165-196.

안선회·정일환·주동범(2009). 입학사정관제의 합리적 정착을 위한 사교육비 경감 방안 연
　　구. 교육정치학연구, 16(2), 7-33.

안선회(2013). 대입제도 개선정책의 정책인과가설 분석. 교육문제연구, 23(4), 45-78.

안선회(2015). 공교육 정상화를 통한 사교육비 경감 정책주장의 실제적 타당성 분석 - 대
　　학입학전형제도와의 연관성을 중심으로. 교육문화연구, 21(6), 39-69.

장정현(2015). 중학3년 대학을 결정한다. 경향에듀.

차정민(2016). 학생부종합전형의 현황과 개선방안. 한국교육개발원.

한국대학교육협의회(2019). 2021학년도 대입제도 119.

한국대학교육협의회(2014). 현직 입학사정관에게 듣는 학생부종합전형 100문 100답.

한국대학교육협의회(2016). 학생부종합전형 운영결과 분석. 학생부종합전형 발전을 위
　　한 고교·대학 연계 포럼 자료집. 전국입학관련처장협의회.

한국대학교육협의회(2020). 2022학년도 대학입학전형시행계획 주요 사항.